신뢰할 수 있는 해설, 성경적 신학, 복음의 중심 되신 그리스도에게 초점을 둔 구약 읽기 안내서로 손색이 없다. 목회자, 설교자뿐만 아니라 교사와 구약 성경을 제대로 읽으려 애쓰는 많은 그리스도인에게 광야에 내린 만나와 같다.

싱클레어 퍼거슨 리폼드 신학교 총장 및 조직신학 교수

오늘날 교회가 당면한 가장 시급한 과제 중 하나는 성경의 여러 부분이 어떻게 하나의 스토리라인으로 결합되어 예수 그리스도 안에서 완성되는지를 파악하는 방법을 배우는 것이다. 이 책 시리즈는 그러한 요구를 충족시키는 데 큰 도움이 된다. 사려 깊지만 대중적인 수준에서 저술되었으므로 많은 그리스도인들이 쉽게 읽을 만하다.

D. A. 카슨 미국 트리니티 복음주의 신학교 신약학 명예 교수

브라이언 에스텔은 성경 신학적, 역사적, 문학적 통찰력을 결합하여 요나서의 메시지를 조명한다. 그는 이야기의 각 흐름에서 그리스도를 보여 주며, 우리를 믿음과 순종으로 이끌어 간다.

마크 푸타도 리폼드 신학교 구약 및 히브리어 교수

요나서의 복잡한 문학적 짜임새와 다면적인 신학적 의미를 예리하게 통찰하며, 에스텔은 본문 해설과 오늘날의 적용 사이에서 훌륭한 균형을 이룬다. 무분별한 알레고리 해석을 피하고, 구약에서 그리스도를 찾는 것이 기독교의 '식민화'라는 주장에 저항하면서, 에스텔은 신학적으로 잘 정돈된 그리스도 중심적 요나서 읽기를 선보인다.

필립스 롱 캐나다 밴쿠버 리젠트 신학교 구약학 명예 교수

요나서의 각 부분을 하나하나 읽어 나가면서, 에스텔은 이 책의 고대 근동 배경에 빛을 비추고, 문학적이고 신학적인 섬세함을 탐구하며, 오늘날 우리 시대와도 맞닿는 통찰을 더한다. 무엇보다 그는 책 전체에 걸쳐 그리스도 중심적인 성찰을 제시하며, 독자들이 '요나보다 더 위대한 한 분'을 보도록 안내한다.

마이클 켈리 미국 웨스트민스터 신학교 구약학 교수

요나서, 그리스도 중심 성경 읽기

Salvation Through Judgment and Mercy
: The Gospel According to Jonah

by Bryan D. Estelle

요나서, 그리스도 중심 성경 읽기

브라이언 D. 에스텔 지음

전의우 옮김

좋은씨앗

차례

신약은 구약 속에 감춰져 있고 구약은 신약에서 드러난다.

• 아우구스티누스 •

서문

이 구원에 대하여는 너희에게 임할 은혜를 예언하던
선지자들이 연구하고 부지런히 살펴서
자기 속에 계신 그리스도의 영이 그 받으실 고난과
후에 받으실 영광을 미리 증언하여
누구를 또는 어떠한 때를 지시하시는지 상고하니라.
이 섬긴 바가 자기를 위한 것이 아니요
너희를 위한 것임이 계시로 알게 되었으니
이것은 하늘로부터 보내신 성령을 힘입어
복음을 전하는 자들로 이제 너희에게 알린 것이요.
천사들도 살펴보기를 원하는 것이니라.
-베드로전서 1:10-12

또한 우리 중에 어떤 여자들이 우리로 놀라게 하였으니
이는 그들이 새벽에 무덤에 갔다가 그의 시체는 보지 못하고
와서 그가 살아나셨다 하는 천사들의 나타남을 보았다 함이라.
또 우리와 함께 한 자 중에 두어 사람이 무덤에 가
과연 여자들이 말한 바와 같음을 보았으나
예수는 보지 못하였느니라 하거늘
이르시되 미련하고 선지자들이 말한 모든 것을
마음에 더디 믿는 자들이여
그리스도가 이런 고난을 받고
자기의 영광에 들어가야 할 것이 아니냐 하시고
이에 모세와 모든 선지자의 글로 시작하여 모든 성경에 쓴 바
자기에 관한 것을 자세히 설명하시니라
-누가복음 24:22-27

선지자들이 연구하고 부지런히 살폈으며 천사들도 살펴보기 원했던 이야기가 있다. 제자들은 미련하여 깨닫지 못했다. 바로 예수님이 오실 것이며, 고난을 받으신 뒤에 영광에 들어가실 것이라는 복음이다. 모세와 선지자들, 그리고 구약성경 전부가 줄곧 이 놀라운 비밀을 전했다.

하나님은 구약성경에서 이야기 하나를 말씀하기 시작하셨다. 이야기의 결말이 매우 궁금했으나 구약 시대의 청중들은

그 이야기를 끝까지 듣지 못했다. 이야기 전체의 줄거리는 정해져 있었지만, 클라이맥스에 이르는 부분은 뒤로 미루어져 있었다. 이야기는 끝나지 않은 채 결말을 맺는 것처럼 보였다. 그러나 하나님은 이 이야기가 그리스도의 등장과 구원 사역으로 클라이맥스에 이르도록 구상하셨다.

예수님은 예고 없이 어느 날 갑자기 오신 게 아니다. 구약에는 이미 메시아가 오실 것에 대한 명백한 예언들이 곳곳에 담겨 있고, 거기에 기록된 많은 사건과 등장인물, 주변 상황 등과 맞물려 다양한 방식으로 예고되었다. 구약성경 속에서 그 모든 것을 아우르고 통합하는 하나의 이야기를 직접 쓰시고 이끌어 가신 분이 바로 저자이신 하나님이다. 창세기의 창조 이야기로부터 유대인들이 유배 생활에서 귀환하는 마지막 대목에 이르도록, 하나님은 구원 계획이 담긴 이야기를 조금씩 펼쳐 보이셨다. 그리고 이 이야기는 어떤 식으로든 항상 그리스도에게 초점이 맞추어져 있었다.

이 책의 목적

이 책은 성경, 즉 구약과 신약은 모두 하나님의 계시이며 그리스도가 그 중심에 계신다는 명제로부터 출발했다. 구약의 각 책들은 다양한 장르와 형식을 취하면서 나름대로의 신학 체계를 갖추고 있다. 그러나 끊임없이 그리스도를 예고하고 그 분을 언급하고 있다는 사실이 구약의 각 책들을 하나로 묶어 준다. 신약뿐만 아니라 구약성경도 본질적으로는 그리스도가 중심이시라는 사실을 믿으며 우리는 다음과 같은 목표로 이 책을 펴낸다.

- 구약성경 안에 스며들어 있는 그리스도에 관한 계시를 드러내어 펼친다.
- 그리스도 중심의 성경 읽기를 촉진한다.

• 그리스도 중심의 구약성경 설교와 교육을 장려한다.

그러므로 이 책은 학자들을 위해서가 아니라 목회자와 일반 성도들을 위해 쓰였다. 이 책을 통해 구약성경 읽기에 대한 열심이 되살아나고, 더불어 구약성경이 예수 그리스도를 가리키고 있다는 진리를 성도들이 확신하게 되기를 소망하며 기도한다.

감사의 글

이 프로젝트를 완성하도록 도와준 많은 분에게 감사할 수 있어 즐겁고 기쁘다. 이 책이 공동의 작품이라는 것을 너무나 잘 안다. 2004년 가을에 안식년을 갖게 해 준 캘리포니아의 웨스트민스터 신학교 동료 교수들과 이사회에 감사한다. 이 책의 많은 부분을 그 기간에 썼다.

많은 사람이 초고를 일부나 전부 읽었다. 트렘퍼 롱맨 3세는 전 과정의 편집자로서 도움을 아끼지 않았을 뿐더러 자신 없어 하는 나에게 예상치 못한 격려로 자신감을 심어 주었다. 아내 리사는 '들어가는 글'을 읽고 날카로운 질문을 여럿 해 주었으며, 그 덕에 다시 컴퓨터 앞에 앉아 문장을 좀 더 명확하게 가다듬을 수 있었다. 아내가 없었다면, 우리 아이들 션과 데이빗과 케이틀린이 없었다면, 이 프로젝트는 절대로 빛을 보지 못했을 것이다.

이안 더귀드, 줄리어스 김, 데이비드 벤드로넌을 비롯해 웨스트민스터 신학교 여러 동료가 초고를 읽고 유익한 제안을 해 주었다. (우리의 한결같은 사서) 제임스 런드와 그의 조수 주디스 리델은 이 프로젝트를 비롯한 여러 작업에 필요한 상호대차 도서와 논문을 꾸준히 제공해 주었다. 나의 학생 가운데 브렌트 잉글랜드는 초고 전체를 읽고 적잖은 오류를 바로잡아 주었다.

이 책의 원고를 꼼꼼하게 읽어 준 P&R 출판사 편집자들에게 감사한다. 문체와 관련해, 이들은 탁월한 제안을 많이 해 주었다.

녹스 정통장로교회의 켈리 가비는 이 책의 집필 과정 전반에 걸쳐 끈질긴 독자이자 편집자, 그리고 친구로 함께해 주었다. 그녀뿐 아니라 녹스 정통장로교회의 많은 구성원이 응원을 아끼지 않았다. 웨스트민스터 신학교 대학원생 클레이튼 윌리스에게도 감사한다. 그는 컴퓨터와 관련해 문제가 생길 때마다 나를 도와주었다. 이 프로젝트를 비롯한 여러 작업에서 그에게 빚을 많이 졌다.

평생 동안 하나님의 성품을 몸소 보여 주신 한 분에게 나의 처녀작인 이 책을 바친다. 나의 아버지, 월터 에스텔에게 이 책을 바친다.

들어가는 글

겨우 네 장밖에 안 되는 이 요나서는

성경이라는 커다란 밧줄을 이루는 가장 가느다란 가닥에

지나지 않습니다.

하지만 요나의 깊은 바닷속 이야기는

우리의 영혼을 심연으로 이끕니다.

이 예언자는 우리에게 실로 귀중한 교훈을 줍니다.

물고기 뱃속에서 부른 그의 노래는

장엄하고 거센 파도처럼 우리의 가슴을 울립니다.

-허먼 멜빌, 『모디빅』

너희가 성경에서 영생을 얻는 줄 생각하고

성경을 연구하거니와

이 성경이 곧 내게 대하여 증언하는 것이니라.

-요한복음 5:39

요나서는 간결하지만 해석하기 까다로운 책이다. 이 책은 단순하면서도 매끄러운 이야기로 구성되어 있어 주일학교나 여름 성경학교에서 자주 사용된다. 하지만 아우구스티누스가 다음과 같이 한 말에서 알 수 있듯이, 이 짧은 이야기 속에는 수많은 해석적 어려움이 숨어 있다. "누군가가 죽은 자의 부활에 대해 던지는 질문은 해결할 수 있습니다. … 그러나 누군가 요나서에 관한 질문들을 모두 해결할 수 있다고 생각한다면 … 그는 인간의 한계도, 자기의 한계도 잘 모르는 것입니다."[1]

요나서를 히브리어로 읽더라도(아우구스티누스는 명석했는데도 히브리어에는 뛰어나지 못했다) 그 복잡성이 사라지지 않는다. 요나서는 문학적으로 매우 정교하고 섬세하게 구성되어 있으며, 겉보기에 단순해 보이지만 그 안에는 해석의 층위가 매우 깊다. 나도 계속해서 이 책을 읽으면서 쉽게 답을 얻을 수 없는 현실에 부딪치고 있다 이 책의 원저자는 매우 사려 깊고 능숙한 이야기꾼으로서 독자들에게 생생한 질문을 계속해서 던진다. 그러므로 요나 이야기를 단 하나의 신학적 메시지로 단순화해서는 안 된다. 사실, 요나 이야기는 읽고 또 읽어도 해답을 못 찾을 질문이 꼬리를 문다.

이런 점이야말로 고전의 특징 중 하나다. 뛰어난 문학성과 다층적 의미가 어우러져, 한 번이 아니라 여러 번 읽고 싶게 만든다. 고전은 깊이 생각하면서 천천히 되풀이해 읽어야 한다. 시간이 지나도 가치를 잃지 않는 책이 고전이다. 요나서는 바로 그런 고전이다.

요나서를 읽는 일은 마치 거대한 산을 오르는 일과 같다. 오랜 훈련을 마치고 등반 준비가 잘 되어 있다면, 산을 오르고 내려오는 일이 순조롭게 끝날 것이라고 생각할 수도 있다. 그러나 경험 많은 산악인이라면 누구나 알듯이, 이런 태도는 어리석기 짝이 없다. 위대한 산처럼, 위대한 책도 마땅히 존중받아야 한다. 시인 윌리엄 블레이크(William Blake)는 사람과 산이 만날 때 위대한 일이 일어난다고 했다. 그렇다면 올바른 태도를 가진 사람이 위대한 책을 만날 때는 더욱더 그렇지 않겠는가?

요나서에 대한 책과 주석서는 이미 많이 존재하지만, 이 시리즈의 목적에 부합하는 새로운 해석이 여전히 필요하다. 오늘날 교회에는 성경 본문을 정경적 맥락 안에서 책임 있게 해석하고, 그리스도를 중심으로 구약성경을 읽고 가르치도록 돕는 책이 필요하다. E. J. 영(Edward Joseph Young)은 오래전부터 요나서의 핵심 메시지가 그리스도에게 초점을 맞추고 있음을 인식하고 이렇게 말했다. "요나서의 가장 중요한 목적은 선교나 보편주의적 구원 같은 주제를 가르치는 데 있지 않다. 오히려 그 목적은, 죄가 전혀 없으신 메시아께서 우리 죄를 대신해 죽으시고 다시 살아나셨음을 보여 주는 데 있다. 요나가 스올에 던져졌다가 다시 살아 올라온 모습은, 그리스도의 죽음과 부활을 예표한다."[2]

지금껏 말한 모든 어려움에도, 요나서는 그리스도 중심적으로 읽어야 한다. 요나서는 무엇보다 오늘의 교회를 위한 분명하고 단순하며 더없이 중요한 메시지를 담고 있다. **요나보다 크신 분, 부활하신 그리스도께서 심판과 자비를 통해 자기 백성에게 구원을 주신다는 것이다. 그 백성 안에는 이스라엘 안에 있는 사람들뿐 아니라, 주의 이름을 부르는 이방인까지 포함된다.** 요나서에 예표되고 예시된 것이 그리스도 안에서 실재가 된다.

이 점을 분명하게 인정하는 것은 신학적 방법론의 아주 기본적인 지점 중 하나를 인식하는 것이기도 하다. 실제로 그리스도는 구속 역사 전체의 중심 사건이며, 우리는 이 결정적인 사건 이후에 성경을 읽는 사람들이기 때문이다. 그러므로 요나서도 그리스도 중심의 방식으로 읽어야 한다. R. T. 프랜스(Richard Thomas France)는 예수님이 구약성경을 사용하신 경우를 아주 세밀하게 살핀 후 이를 잘 정리했다. "예수님은 구약성경을 그리스도 중심적으로 이해하셨다. 구약성경은 핵심 원리는 물론 세부 사항에 이르기까지 자신이 약속한 메시아를 예표한다. 구약성경의 신학 체계 전체가 그분의 사역을 가리키며, 그분의 오심으로 구약성경의 경륜 전체가 완성되고 성취된다."[3] 이러한 결론은 구약성경이 하나님을 중심으로 한다는 사실을 부정하지 않는다. 다만 거룩한 삼위일체 하나님이 친히 중심에 두길 기뻐하셨던 그곳, 바로 그리스도에게 스포트라이트를 비출 뿐이다.

"심판과 자비를 통한 구원"이란 표현에도 주목하라. 프린스턴의 위대한 신학자 찰스 핫지(Charles Hodge)가 말했듯이, 공의를 자비로 흡수시켜 버리지 않는 것이 중요하다. 다른 개혁주의 신학자들도 자비를 강조한 나머지 공의를 소홀히 여겨서는 안 된다고 강조했다. 이것은 오늘날의 문화에서 특히 중요하다. 오늘날에는 하나님의 심판과 공의라는 개념을 억압하는 경향이 매우 강해서, 자비와 긍휼이 단지 감상적인 정서 정도로 희석되는 경향이 있기 때문이다. 우리는 심판과 자비라는 두 주제 모두 단단히 붙잡아야 한다.

요나서에서 자비라는 주제와 관련해, 이스라엘의 하나님이 선원들, 요나 자신, 니느웨 사람들, 심지어 동물들에게 자비를 베푸시는 장면을 살펴보게 될 것이다. 이것이 요나서의 중심 메시지다. 하지만 나는 이렇게 말함으로써 요나서를 지나치게 단순화하고 싶지 않다. 요나서 본문을 차근차근 살펴보기 전에 중심 메시지가 무엇이라고 단정하는 것은 성급한 일일 수 있다. 독자들은 아무쪼록 이 책을 통해 요나서를 차근차근 살펴볼 기회를 얻길 바란다.

요나서가 얼마나 그리스도 중심적인 책인지에 대해서는 이어지는 여러 장에서 더 자세히 살펴볼 것이다. 단언컨대, 구약성경은 그리스도를 중심으로 한다. 그렇다고 해서 구약성경의 모든 부분을 그리스도 중심적으로 해석해야 한다는 뜻은 아니다. 교회사 가운데 구약 본문을 무턱대고 그리스도 중심적으로 읽던 때가 있었다(이런 방식이 완전히 사라진 것은 아니다). 어떤 설교자들과 교사들은 구약에서 신약으로 연결되는 모형적 해석을 너무 성급하게 적용하면서, 그 해석이 어떻게 나왔는지 충분히 설명하지 않은 채 청중에게 전달하기도 한다.

예를 들면, 초기 라틴 교부였던 히에로니무스(Jerome)은 이렇게 주장했다. "요나는 그리스도를 닮았다. 그리스도께서 '이 세상의 바다'인 다시스로 오시기 위해 하늘을 떠나지 않으셨는가. 요나의 도망은 곧 아버지의 집과 고향을 떠나 육신이 되신 그리스도의 표징이다."[4] 아우구스티누스는 요나서 4장에서 박 넝쿨을 갉아먹는 벌레를 그리스도로 보았다. 옛 언약의 특권들이 그리스도 안에서 사라지기 때문이다. 이처럼 상상력이 지나치게 자유롭게 사용된 경우가 있긴 하지만, 요나서를 비롯해 구약의 여러 책에 두루 나타나는 그리스도를 발견하는 일에 주저할 필요는 없다.

일부 현대 주석가들은 요나서를 그리스도 중심적으로 해석하는 것을 '기독교적 식민화'라고 비판하며 경계한다. 하지만 내가 보기에 이러한 경고가 오히려 오늘날의 권력 구조 담론이라는 현대적인 해석 방식에 갇힌 결과처럼 보인다. 이는 성경 본문을 진정으로 이해하려는 태도라기보다는, 당대의 사조에 휘둘린 해석이라고 할 수 있다. 물론 성경 본문을 잘못 이해하지 않도록 주의해야 한다. 그러나 그와 동시에 우리에게 필요한 것은 요나서를 그리스도 중심적으로 이해하려는 신중한 접근이다.

이러한 목표를 염두에 둘 때, 성경은 유기적으로 연결된 하나의 전체로 이해되어야 한다. 히브리 성경(구약성경)은 그 자체로 완결된 책이 아니다. 그 안에 처음부터 끝까지 성취를 향한 기대가 담겨 있기 때문이다. 그러므로 구약성경, 곧 히브리 성경의 궁극적 의미는 신약 안에서 발견되어야 한다. 더 정확히 말하면, 성경의 개별 본문은 반드시 정경적 맥락, 즉 성경 전체 안에서의 위치를 고려해 해석해야 한다. 이것이 본문을 이해하는 첫걸음은 아닐 수 있지만, 반드시 필요한 단계다. 그뿐 아니라, 이런 방식으로 해석하다 구약성경을 구성하는 책들의 개별적인 특성을 훼손해서는 안 된다. 이 점을 유의하면서 이제 요나서를 정경적 맥락에 두고 그리스도를 중심으로 어떻게 읽을 수 있는지를 살펴보겠다. 적용은 느리고 신중해야 한다. 간단히 말하자면, 이러한 접근 방식은 결코 가볍거나 단순해서는 안 된다.

독자들을 위해 몇 마디 덧붙이겠다. 이 책은 전문 성경학자를 위한 책이 아니라 목회자와 평신도를 위한 책이다. 따라서 여러 가능한 해석들을 제시한 부분이 더러 있겠지만, 대체로 해당 구절에 대한 모든 상반된 견해를 조목조목 비교하고 평가하느라 본문의 메시지가 흐려지지 않도록 특별히 주의했다. 이 시리즈의 목적 자체가 목회자들을 돕는 데 있기 때문에, 특히 목회자들을 염두에 두고 이 책을 썼다. 실제로 강단에 선 여러 목회자들로부터 요나서 해석에 도움이 필요하다는 요청을 받아 왔다. 하지만 이 책은 평신도들을 염두에 두고 쓴 책이기도 하다. 이 목적 또한 똑같이 중요하다. 아마도 어떤 독자들에게는 일부 내용이 벅차게 느껴질 수도 있을 것이다. 그러나 나는 교육의 힘을 굳게 믿는 사람이다. 만약 내가 충분히 명확하게 설명하지 못해 독자들이 더 깊이 생각하고 수고해야 한다면, 그 노력은 결국 값진 열매로 돌아올 것이라 기대한다. 예를 들면, 1장에서는 요나서의 역사적 배경을 다룬다. 최대한 부담스럽지 않게 다루려고 노력했지만, 독자들이 이 부분을 잘 읽고 이해한다면, 나머지 부분도 더 잘 이해하게 될 것이다.

독자들이 요나서라는 이 작은 걸작의 아름다움과 의미를 더 깊이 이해할 수 있도록, 나는 히브리어 원문에 대한 간단한 설명을, 눈에 거슬리지 않길 바라며, 함께 담았다. 히브리어를 배우는 학생들에게 성경 원문을 읽는 아름다움을 소개할 때 흑백뿐 아니라 컬러로 성경을 보도록 돕고자 하는 것처럼, 나는 이 책을 읽는 일반 독자들에게도 비슷한 도움을 주고 싶다. 바꾸어 말하면, 히브리어에 대한 간단한 설명을 통해, 독자들이 장미를 볼 뿐 아니라 이를 테면 그 향기까지 맡도록 돕고자 했다.

이스라엘 안팎의 왕과 통치자에 대한 모든 연대 정보는 아멜리 쿠르트(Amélie Kuhrt)가 쓴 탁월한 고대 근동사 두 권에서 가져왔다. 본문 곳곳에 관련 성경 구절도 함께 제시했다. 나는 책을 읽다가 성경 인용이 나오면 잠시 멈춰 해당 구절을 찾아 읽어 보며 저자의 의도를 파악하려 애쓴다. 그렇게 성경을 직접 확인해 보는 일은 늘 유익하고 많은 것을 가르쳐 주었다. 이 책에서도 비슷한 이유로 성경 구절들을 풍부하게 인용했다. 독자들도 성경을 가까이 두고 함께 읽는다면 훨씬 더 깊이 있는 독서가 될 것이다.

이탈리아 시인 비토리오 임부리아니(Vittorio Imbriani)는 "트라두토레 트라디토레"(*Traduttore, traditore*), 즉 "모든 번역자는 반역자다"라고 말했다. 나는 이 말에 착안해 요나서 히브리어 본문의 몇몇 단어를 단순한 음역 그대로 남겨 두었다. 그 단어들은 번역을 거부하기 때문이다. 다시 말해, 번역하면 언제나 뭔가 잃는 게 있다. 예를 들면, 요나의 머리 위로 빠르게 자라 그에게 그늘을 제공했던 식물은 '키카욘'(*qiqayon*)이라 불린다. 주석가들은 이 식물이 무엇이었는지, 또는 무엇이었을지를 두고 갑론을박을 벌여 왔다. 믿기 어렵겠지만, 아우구스티누스 시대에는 이 단어를 어떻게 번역할지를 두고 감정이 격해져 거의 폭동이 일어날 뻔했다. 나는 이 단어가 처음 등장할 때 독자들에게 음역 그대로 소개하고, 왜 이 단어를 음역하기로 선택했는지 설명한 후, 이 책 나머지 부분에서도 히브리어 원어 그대로 사용하기로 했다. 독자들은 미리 주의를 받았기에 따라오는 데 어려움이 없을 것이다. 이와 같은 방식은 요나서에 나오는 몇몇 단어에만 제한적으로 적용했으며, 독자들이 본문을 이해하는 데 무리가 없도록 신중하게 선택했다.

1장 오리엔테이션

하늘이여, 장로교인이든 이교도든 간에
우리 모두에게 자비를 베푸소서.
우리는 모두 머리가 심하게 망가져
수리가 필요하기 때문입니다.
-허만 멜빌, 『모비 딕』

여호와의 말씀이 아밋대의 아들 요나에게 임하니라.
-요나서 1:1

저작 연대

현대인들은 종종 자신들보다 앞서 살았던 사람들에게 오만한 태도를 보인다. 고대인들에 관해서는 특히 더 그렇다. C. S. 루

이스는 이를 연대기적 오류라 불렀다. 이는 단지 어떤 생각이 오래되었다는 이유만으로 그 가치를 무시하는 사고방식을 말한다. 고대인들은 추상적 사고나 은유를 이해하지 못했으며, 모든 것을 문자 그대로 받아들이는 단순한 사람들이었을 것이라고 여겨지기도 한다. 더 나아가 아름다움이나 미적 감각, 또는 고급 취향에 대해서도 전혀 이해하지 못했을 것이라고 생각하는 경우도 많다. 하지만 이런 생각은 현대인의 마음속에 자리 잡은 안타까운 오만을 그대로 드러낸다.

우리는 종종 과거와 그로부터 배울 수 있는 교훈들을 소중히 여기지 않는 시대에 살고 있다. 과거를 인정하고 과거로부터 배우려면 오랜 시간 가만히 앉아 읽고 숙고해야 한다. 하지만 우리 문화는 이런 일에 그다지 능숙하지 못하다. 우리는 삶의 속도에 쫓겨 인터넷에서 정보를 검색하고 많은 정보를 얕게만 아는 데 그치기 쉽다. 그러나 이런 방식이 과연 자연스러운 것일까? 과거를 배우는 일, 더 나아가 과거를 글로 기록하는 일은 느리고 주의 깊은 독서를 요구한다. 그리고 그것은 성경을 제대로 이해하기 위해 꼭 필요한 과정이기도 하다.

이러한 현대의 무관심은 우리의 문화적 삶을 빈약하게 만들고, 그 영향이 성경 읽기로까지 번지게 될 때 성경이 지닌 풍성한 보화를 제대로 누리지 못하게 된다. 성경을 정확히 이해하려면 과거를, 심지어 매우 오래된 과거를 이해하기 위해 어느 정도 노력을 기울여야 한다.

요나서는 불과 마흔여덟 절밖에 되지 않는 짧은 책이지만, 학계로부터 놀랄 만큼 많은 관심을 받아 왔다. 그러나 이렇게 많은 논의가 있었음에도 불구하고 요나서의 저작 연대 같은 기본적인 문제에 대해서도 합의된 바가 거의 없다. 성경의 한 책의 저작 연대를 자신 있게 추정할 수 있다면, 그것은 매우 중요한 일이다. 저작 연대가 언제인지에 따라 책 내용에 대한 해석이 달라질 수 있기 때문이다.

요나서 자체의 관점에서 보자면, 이 책은 요나와 관련된 사건들이 주전 8세기에 일어난 것으로 묘사한다. 다시 말해, 저자는 자신이 서술하는 사건들이 그 시대에 일어난 일로 보이기를 원했다. 요나서 내러티브는 종종 매우 선택적이고, 예술적으로 배열되어 있으며, 교훈적인 목적을 지니고 있다. 다시 말해, 요나서는 단순히 있었던 일을 있는 그대로 전달하는 보도 형식의 글이 아니라, 그 사건들을 서술하고 해석하는 이야기이다. 우리 시대에는 역사적 서술과 예술적인 문학적 배열 사이에 대립 구도를 세우려는 경향이 있다. 예를 들어, 최근에 어떤 주석가는 요나서에 대해 이렇게 물었다. "이 책은 엘리야 이야기처럼 실제 사건을 서술하려는 분명한 의도를 지닌 예언적 이야기인가? 아니면 욥 이야기처럼 신학적 진리를 예술적 언어로 표현하려는 허구적 이야기인가?"[1] 많은 주석가들이 요나서와 엘리야 및 엘리사의 기록 사이에 몇 가지 유사점이 있다고 인정한다. 그러나 위와 같은 질문은 여러 면에서 문제가 있다. 이 책에서는 지면 관계상 그 모든 점을 자세히 논의하지는 못하지만, 분명히 짚고 넘어가야 할 한 가지는, 이런 질문이 역사적 서술과 예술적 표현을 불필요하게 서로 반대되는 것으로 놓고 있다는 점이다. 이것은 잘못된 전제이며, 그 이유는 앞으로의 장들에서 자세히 살펴볼 것이다.

요나서 저자가 이 사건들을 주전 8세기에 일어난 일로 묘사하려 했다는 점은 1절에서 분명히 드러난다. 요나서 첫 절에서 요나를 "요나 벤 아미타이"(아밋대의 아들 요나)라고 소개하기 때문이다. 열왕기하 14:25에 따르면, 아밋대의 아들 요나의 예언은 여로보암 2세가 왕위에 있을 때(주전 786-746년) 성취되었다. 물론, 이것이 요나 선지자와 여로보암 왕이 동시대 인물이었다는 증거는 아니다. 또한 요나 자신이 요나서를 직접 썼다는 증거도 아니다(이는 E. J. 영의 주장과 **다르다**). 요나서 어디에도 요나가 이 책을 썼다고 명시되어 있지 않다. 그렇다면 요나서의 저작 연대와 관련해 확신할 수 있는 점은 무엇일까?

일부 학자들은 이 책이 주전 8세기에 쓰였을 가능성도 있다고 보지만, 확실한 것은 주전 3세기 이후는 아니라는 점이다. 왜냐하면 이 책이 보통 주전 180년경 작품으로 추정되는 외경 '집회서'(Ben Sira)에 언급되어 있기 때문이다. 이 짧은 선지서의 정확한 저작 연대와 형성 과정을 파악하는 일은 여러 복잡한 요소들로 인해 더욱 어려워진다. 이를 테면, 고대 언어와 고대사에 대한 우리의 지식에 한계가 있고, 요나서의 장르를 특정하기 어려우며, 요나서의 독자층을 콕 집어내기 어렵다. 언어가 유일한 기준이라면, 요나서는 비교적 후기에 쓰인 책일 가능성이 높다. 히브리어 발달에 관한 현재의 이해에 따르면, 요나서에 사용된 히브리어가 매우 후기 단계에 해당하기 때문이다. 그러나 오로지 언어만을 기준으로 어떤 책의 저작 연대를 추정하는 것은 위험한 시도이며, 이러한 연구 결과는 여러 다른 이유로 인해 논쟁의 대상이 되기 쉽다. 간단히 말해, 저자가 묘사하는 내용(즉, 기록된 사건들이 주전 8세기에 일어난다는 점)을 제외하고, 요나서는 저작 연대나 저자를 구체적으로 명시하지 않는다.

그러므로 이 뛰어난 단편의 저작 연대를 밝히는 일이 설교자나 교사에게 있어 정통성을 판별하는 리트머스 시험이 되어서는 안 된다. 이 책은 선택적으로 서술되었고 예술적이며 언약적인 방식으로 구성된 거룩한 역사다. 그렇기 때문에 저자나 저작 연대에 대한 다양한 의견이 있음에도 불구하고, 그 핵심적인 교훈과 메시지는 여전히 효과적이고 정확하게 전달된다. 그렇다고 해서 역사적 배경이 전혀 중요하지 않다는 뜻은 아니다. 성경에서 요나 이야기가 자리한 시대의 이스라엘 상황을 하나님의 구속사 전체의 큰 흐름 속에서 조망해 보면, 요나서를 이해하는 데 매우 중요한 해석적 틀을 얻을 수 있다.

저자는 요나서를 폭넓은 역사적 배경에 두었지만, 일부 학자들은 이 책이 더 구체적으로 언제 쓰였는지를 추정하기 위해 신정론(theodicy)의 흔적에 주목해 왔다.[2] 신정론은 문자적으로 "하나님의 정당성"(justification of God)을 뜻한다. 이 용어는 신학적·철학적 논의에서 악과 고난의 문제를 다룰 때 자주 등장한다. 특히 일부 학자들은 북이스라엘 왕국의 수도가 멸망한 이후(즉, 주전 722년 이후) 신정론 문제가 표면에 떠올랐을 때 요나서가 기록되었을 가능성이 있다고 주장한다. 남은 이스라엘 백성은 아마 이렇게 자문했을지 모른다. "이 모든 고난이 정말 하나님의 주권 안에 있는 일일까?" "하나님의 언약 백성인 우리에게 앗수르 같은 원수가 이런 일을 저지르도록 하나님이 허락하셨단 말인가?"

이런 시나리오가 가능하긴 하지만, 사실 하나님의 백성은 어느 시대에나 신정론 문제와 씨름했고 앞으로도 그럴 것이다. 고난은 이생의 순례자인 하나님의 백성과 떼려야 뗄 수 없다. 더 나아가 요나서가 언제 쓰였는지를 정확히 아는 것이 이 책을 이해하는 데 꼭 필요한 것은 아니다. 또한 저작 연대가 초기라는 사실이 요나서에 나오는 사건들의 역사적 신빙성에 더 큰 무게를 실어 주는 것도 아니다. 결론적으로, 요나서의 저작 연대는 요나서를 이해하는 데 도움이 될 수 있겠지만, 요나서의 궁극적인 신학적 메시지나 역사성 문제에 결정적인 영향을 미치지 않는다. 만약 그 시기가 그렇게까지 중요하다면, "우리가 역사책에서 읽는 많은 내용이 실제로 매우 불확실한 토대 위에 서 있다고 할 수 있을 것이다."[3]

이 외에도 다양한 문제를 자세히 논의할 수 있겠지만, 이 시리즈의 목적은 그런 학문적 논쟁을 전개하는 데 있지 않다(트렘퍼 롱맨과 앨런 그로브스가 쓴 이 시리즈의 서문을 보라). 대신에, 요나서 저자가 그려 낸 역사적 배경의 보다 큰 틀과 전반적인 특징들을 살펴보는 것이 이 책의 목적에 더 잘 부합한다.

첫째, 히브리어 본문이 요나를 소개하는 방식에서 이 선지자가 독자들에게 이미 알려져 있었거나 적어도 이전에 언급된 인물임을 알 수 있다. 바꾸어 말해, 히브리어 관용 표현에 나타난 소개 방식만 보아도 요나는 이미 알려진 인물이다. 이 점은 주석가들이 다양한 방식으로 설명하려 하지만, 결코 부정할 수 없는 분명한 사실이다.

둘째, 앗수르(그리고 앗수르의 대도시 니느웨)가 이스라엘에게 어떤 존재였는지를 이해하면 요나서를 보다 깊이 있게 읽을 수 있다. 요나서의 시점이 주전 8세기라고 가정한다면, 앗수르는 이스라엘에게 이미 위협이 되었거나, 현재 위협이 되고 있었거나, 곧 위협이 될 가능성이 매우 높았을 것이다. 요나서가 열왕기하에 언급된 아밋대의 아들 요나가 활동했을 것으로 보이는 시기(여로보암 2세가 왕위에 있을 때, 즉 주전 786-746년)를 배경으로 하고 있음을 감안할 때, 앗수르가 이미 그보다 앞선 이스라엘 왕 예후(주전 842-815년)에게 조공을 요구한 사실을 기억할 필요가 있다. 실제로 여로보암 2세는 예후 왕조의 네 번째 왕이었다.

이스라엘 왕 예후는 (적어도 겉으로 보기에는) 이스라엘에서 바알 숭배를 근절했다(특히 왕하 9, 10장을 보라). 이 때문에 하나님은 예후 왕조가 4대까지(즉, 여로보암 2세까지) 이어지리라고 말씀하셨다(왕하 10:30). 예후 왕은 앗수르의 살만에셀 3세(주전 858-824년)가 남긴 유명한 검은 오벨리스크에 등장하는데, 이 오벨리스크는 칼후(Kalhu, 160여 년간 앗수르의 수도였던 님루드의 옛 이름—옮긴이)에서 발굴된 것으로, 현재 런던의 대영박물관에 잘 보존되어 있으며, 미국의 몇몇 대학에서도 복제본을 볼 수 있다. 이 오벨리스크는 요나가 활동하던 시기 직전에 앗수르가 펼쳤던 팽창 정책의 상징이다. 오벨리스크 한 곳에, 예후가 살만에셀 앞에 엎드린 모습이 조각되어 있고, 그 밑에 아카드어로 이렇게 새겨져 있다. "나[살만에셀]는 두로와 시돈의 거주자들과 오므리의 아들 예후에게 조공을 받았다."[4] 이 기록에서 중요한 핵심은 다음과 같다. 주전 8세기 당시, 앗수르는 주변에 위협적인 초강대국으로서 이스라엘의 집단 기억 속에 여전이 생생하고 불길한 기억으로 남아 있었을 가능성이 크다는 것이다.

더 나아가 여로보암 2세가 통치하던 시기, 곧 요나의 예언 일부가 성취되던 시점에는 앗수르의 세력과 영광이 잠시 쇠퇴한 상태였지만, 곧 다시 일어나 이전보다 더 강력한 힘과 팽창력을 갖게 될 터였다. 예를 들어 호세아와 아모스는 앗수르를 통해 곧 들이닥칠 재앙을 예언했다. 실제로 주전 743년과 뒤이은 몇 년 동안, 디글랏빌레셀 3세(재위 주전 744-727년)와 그의 두 아들 살만에셀 5세(주전 726-722년)와 사라곤 2세(주전 721-705년)가 다스리던 시기에 앗수르는 서방 지역(예를 들면, 이스라엘)을 향해 세력을 다시 강화한다. 잘 알려진 대로, 북 이스라엘 왕국과 그 수도 사마리아는 주전 722년에 강력한 앗수르 군대에게 멸망했다. 그러므로 이 시기 이후의 어떤 이스라엘 사람도, 심지어 앗수르가 한동안 팽창 정책을 중단하고 재정비하던 시기에도, 앗수르라는 이름을 들을 때 무덤덤하게 반응했을 것이라고 상상하기란 불가능하다.

이스라엘의 차별성과 언약적 부정(不貞)

요나서의 정확한 저작 연대는 특정할 수 없지만, 우리가 현재 가지고 있는 본문의 관점에서 볼 때, 보다 넓은 역사적 시야를 얻을 수 있다. 요나서는 시작부터 독자들에게 다음과 같은 질문을 던지도록 만든다. "이스라엘과 유다의 선지자 (전부는 아니더라도) 대다수가 받은 사명은 하나님의 선민, 곧 이스라엘과 유다를 향해 예언하는 것이었다. 그런데 왜 하나님은 자신의 선지자 요나에게 이방 나라로 가라고 명하셨을까?" 다시 말해, "왜 하나님은 요나를 향해 동족이 아니라 이방 민족에게 가라고 명하셨을까?" 더 나아가, "당시 역사적 상황 속에서 이스라엘과 열방의 관계는 어떠했을까?"

많은 사람이 이러한 질문에 답하고자, 요나서 전반에 흐르는 일종의 보편구원론을 주장해 왔다. 여기서 보편구원론이란 이스라엘 밖 민족들에 대해서도 하나님의 구원이 전해진다는 관점을 의미한다. 그러나 이미 오래전 에드먼드 클라우니(Edmund Clowney)가 지적했듯이, 이러한 해석은 표면적으로만 만족을 줄 뿐 그 이상의 깊은 설명은 되지 못한다.[5]

본격적으로 요나서의 세부 내용을 살펴보기 전에, 한 발 물러나 숲을 보고 나무를 보는 태도를 가져야 한다. 즉, 이 책이 묘사하는 시대에 하나님이 이스라엘 백성과 어떤 관계를 맺으셨는지를 큰 틀에서 살펴볼 필요가 있다. 이런 접근은 요나서에 없는 메시지를 억지로 욱여넣어 요나서를 읽을 위험을 피하게 해 줄 뿐 아니라, 전체적인 맥락을 파악함으로써 요나서의 세부 내용을 더 깊이 이해하게 도와준다. 또한 이는 이 책이 속한 구속사의 특성 시기에 대한 감수성을 키우는 일이기도 하다. 이것은 해석 과정에서 가장 첫 번째이자 중요한 단계 중 하나다.

독자는 이것이 요나서의 대상 독자가 정확히 누구인가를 규명하는 문제와는 다르다는 점을 이해해야 한다. 요나서 저작 연대는 특정할 수 없기에 이 질문에 대한 답은 이렇게 정리할 수 있다. 요나서의 대상 독자는 각 시대를 살아가는 하나님의 백성이다. 요나서는 고대 이스라엘 백성을 위해 쓰인 것이면서 동시에 그리스도께서 오신 이후의 하나님의 백성을 위한 책이기도 하다. 이제 우리는 또 하나의 중요한 준비 작업을 시작해야 한다. 바로, 요나서 저자가 기술한 사건들이 놓인 시대적 배경 속에서, 하나님이 자기 백성과 이방 민족과 어떤 관계를 맺고 계셨는지 큰 틀에서 살펴보아야 한다.

하나님과 하나님의 백성 사이의 관계는 이스라엘 역사를 올바로 이해하도록 돕는 렌즈다. 간단히 말해, 하나님과 하나님의 백성 사이의 관계의 본질은 언약이라는 한 단어로 요약할 수 있다. 언약은 넓은 의미에서 하나님의 보증이 수반되는 약속이라고 정의할 수 있다.[6] 성경에 나오는 언약들은 종종 엄숙한 맹세와 함께 주어지며, 하나님은 이스라엘의 하나님이 되겠다고 약속하시고 이스라엘은 오직 그분만을 섬기는 백성이 되겠다고 약속한다.

1장에서 요나가 받은 사명은 이러한 모세 언약을 배경으로 이해해야 한다. 그리고 모세 언약은 족장들, 특히 아브라함과 맺으신 언약을 배경으로 이해해야 한다. 신학자들은 아브라함 언약을 은혜 언약이라 부른다. 이러한 이름이 암시하듯, 하나님은 땅의 모든 민족이 아브라함의 씨를 통해 복을 받을 것이라고 약속하셨다(창 12:1-3; 18:18; 22:18). 여기 하나님이 자신의 백성을 대하시는 장면 속에 이미 종말론이 담겨 있다. 다시 말해, 이 장면에는 미래를 향한 하나님의 계획이 담겨 있다. 이 점에 대해 클라우니는 이렇게 적절하게 표현한다.

> 아브라함이 계시를 받던 시기에도, 은혜의 특수성(particularism of grace)이 전개되는 가운데, 아브라함의 씨를 통해 땅의 모든 민족이 복을 받을 것이라는 계시가 함께 나타난다. 아브라함의 씨를 세우는 것은 보편적인 축복이라는 목적을 위한 특수 수단인 셈이다. 이미 이 시기에도 이 복이 종말론적 위치를 갖는다는 데 주목해야 한다. 이 복은 씨와 연결되며(창 17:7), 바울이 우리에게 상기시키듯이 이 씨는 많은 사람이 아니라 한 사람, 곧 아브라함이 바라보고 기뻐했던 오실 그분(that coming One)을 가리킨다(갈 3:16).[7]

최근에 요나서를 주석한 몇몇 학자들은 "요나서에는 언약이란 주제를 명시적으로 언급한 부분이 눈에 띄게 없다"고 했다.[8] "명시적"이란 표현에 강조점을 둔다면, 이들의 주장은 충분히 타당하다고 할 수 있다. 그러나 언약에 관한 명시적인 언급이 없다고 해서 요나서에 언약 개념 자체가 없다는 뜻은 아니다. 이스라엘은 언약 백성이었다. 이에 대해 설명해 보겠다.

언약은 요나서의 배경에 자리한 핵심 신앙이다. 하나님이 이스라엘 백성과 맺으신 언약 관계는 당연한 전제로 깔려 있다. 성경을 연구할 때, 우리는 용어와 그 이면에 자리한 개념을 구분해야 한다. 비록 언약이라는 말이 직접적으로 등장하지 않더라도, 역사적인 언약이 전제되어 있다고 볼 수 있다. 이것은 신학과 언어학 모두에 해당하는 한 가지 원칙을 건드리는 이야기다. 즉 어떤 용어가 문자 그대로 나타나지 않더라도, 그 개념이 존재할 수 있다는 것이다. 내 신약학자 동료가 즐겨 하는 말을 빌리자면, "오리처럼 꽥꽥대면 그건 오리다." 간단히 말해, 요나서는 하나님이 이스라엘과 언약을 맺으셨다는 사실을 전제하고 있다. 이 개념이 이스라엘 백성에게 너무나 당연하고 익숙했기 때문에 굳이 명시적으로 언급할 필요가 없었던 것이다.

그러므로 요나서는 하나님이 이스라엘과 언약을 맺으셨다는 점을 배경으로 전제한다. 요나서에 "언약"(*berit*)이란 단어가 직접적으로 나오지는 않지만, 요나서 언어의 배후에 언약 개념이 자리한다. 실제로 피터 크레이기(Peter Craigie)는 요나서가 "견고한 언약 신학에 기초해 있다"고 말했는데, 이는 충분히

타당한 주장이다.[9]

이것은 성경을 정확히 해석하는 과정에서 중요한 출발점이다. 특정 본문의 역사적 배경과 언약적 맥락을 잘 알면 그 본문을 더 깊이 이해할 수 있다. 몇몇 역사적 사례를 들어 설명해 보겠다. 이스라엘에서 철이 풍부했는지, 아니면 귀했는지 알면, 빌린 도끼를 잃어버린 이스라엘 사람이 겪은 큰 불안과 걱정을 이해하는 데 도움이 될 것이다(왕하 6:1-7). 또한 고대 페르시아(바사) 역사를 잘 알면 에스더서의 언어와 내용을 해석하는 데 도움이 될 것이다.

요나서는 많은 선지서들처럼(예를 들면, 렘 1:1-3; 겔 1:2; 호 1:1; 암 1:1) 역사(시대)적 배경을 구체적이고 자세하게 언급하면서 시작하지 않는다. 따라서 역사적 연결 고리를 찾을 때는 신중해야 하며, 특히 자신의 신학적인 입장을 강화하기 위한 의도가 있다면 더욱 주의가 필요하다. 그럼에도 불구하고, 나는 요나서 이야기가 놓인 대체적인 역사적 시대를 이해하는 것이 그 이야기를 올바로 이해하고 해석하는 데 매우 중요하다고 생각한다.

히브리어 원문 서두의 표현을 보면, 저자가 열왕기하 14장에 암시된 요나와 이 요나가 동일 인물임을 암시하려 애썼음을 알 수 있다. 게다가 70인역, 곧 히브리어 원문의 헬라어 번역본이 (주전 3세기 경) 1:9을 번역하는 방식은 고대 세계 사람들이 이 짧은 책 첫머리에 등장하는 요나를 열왕기하 14장에 암시된 요나 선지자와 연결하려 했음을 보여 주는 강력한 증거다. 이와 비슷하게 초기 랍비들의 해석은 하나같이 요나서의 선지자를 열왕기하 14장의 선지자와 동일 인물로 연결한다.

요나서 1장과 열왕기하 14장 사이의 연결 고리는 요나서를 해석할 때 가장 어렵고 복잡한 쟁점 중 하나임을 인정해야 한다. 하지만 그렇다고 해서 이 연결을 성급하게 무시해서는 안 된다. 이미 말했듯이, 요나서 저자는 여로보암 2세의 통치 시기에(주전 786-746년) 일어난 일로 읽도록 요나 이야기를 제시한다. 우리의 주인공이 얼마나 오래 살았는지는 알 수 없지만, 그의 삶이나 적어도 그의 영향력이 여로보암 2세의 통치 시기와 겹쳤던 것으로 보인다. 그러므로 우리는 독자로서 이런 질문을 던져야 한다. 이 시기에 하나님이 세상과 어떤 관계를 맺고 계셨는가? 그리고 더 구체적으로 하나님은 자신의 언약 백성을 어떻게 대하셨으며, 왜 그렇게 대하셨는가?

요나의 선교는 모세 시대(모세 율법이 지배하던 시대)의 이스라엘 신정(神政) 체제 아래에서 이루어졌다. 이 시기는 신정이란 가늠자를 통해 이해해야 한다. 하나님은 이스라엘을 자신의 눈동자로 삼으시고, 이들과 특별한 언약을 맺으셨다. 이 언약 안에서 이스라엘 백성과 그들의 땅은 다른 모든 민족과 구별되어 하나님이 그들의 하나님이 되고 그들은 하나님의 백성이 되는 관계를 보여 주는 도구가 되었다.

이것이 바로 언약의 본질이었다. 이스라엘은 야웨의 특별한 소유('세굴라', *segullar*)였다. 이 용어는 특히 그에 상응하는 아카드어 어휘와의 비교를 통해 더욱 깊은 의미를 지니게 되었다.[10] 이 용어는 원래 사적으로 아끼는 귀중한 소장품을 가리켰으나 그 의미가 확장되어 "오랜 시간 공들여 모은 대상"에 대한 애착이라는 영적인 의미를 갖게 되었다. "따라서 세굴라는 소중히 여기거나 아끼는 것이라는 의미에서 '소중한 개인 소유물' 또는 '보화'를 의미하게 되었다."[11] 이는 성경의 여러 본문과도 잘 들어맞는다(다음도 보라. 신 7:6; 14:2; 26:18; 시 135:4; 말 3:17).

당시 이스라엘에는 신정 체제가 존재했으며, 그 체제의 존재 이유는 하나님이 온 땅의 모든 민족 중에서 특별히 이 민족 가운데 거하기로 선택하셨다는 사실에 있었다. 하나님의 통치는 특별한 방식으로 눈에 보이고 겉으로 드러나는 형태로 나타났다. 다시 말해, 하나님의 통치가 이스라엘과 유다의 지정학적 현실 안에서 가시적으로 드러났던 것이다. 물론 하나님은 언제나 온 세상을 섭리로 다스리시며, 모든 시대를 통틀어 창조 세계 전체를 돌보시는 주권자이시다. 하지만, 역사의 이 시기에는 특정 지역이 하나님의 거룩한 통치가 이뤄지는 특별한 영역으로 여겨졌다. 온 땅의 수많은 장소 가운데 바로 이곳에서 하나님이 승인하신 신정 체제가 실현되고 있었던 것이다. 어느 이스라엘 성경 역사학자는 이것을 다음과 같이 요약했다.

> 예를 들어, 오경과 역사서(전기 선지서)는 세상을 두 영역, 곧 이스라엘과 열방으로 일관되게 나누고, 이스라엘만이 "야웨(YHWH)의 소유"라고 말한다. 신명기는 심지어 야웨 자신이 하늘의 모든 군상에 대한 숭배를 이방 민족들에게 "배정하셨다"고 단언한다(신 4:19). … 따라서 야웨께서는 소돔, 시날, 애굽, 니느웨, 다시스 등 어디에서나 활동하시고 통치하시지만, 그분의 신성한 영역은 이스라엘 경계 안으로 제한된다. 나머지 땅은 우상, 하늘의 군상, 쉐딤(*shedim*, "하나님도 아닌 신들")의 영역이다(신 32:17, 새번역). 초기 이스라엘의 제의(cult)는 오직 성별된 이스라엘 땅 안에서만 이루어졌다(이동 가능한 성소에서 이뤄진 광야 제의는 예외였다). 이스라엘 영역 밖에는 제사도 없고 절기도 없으며, 오로지 우상을 숭배하는 부정한 땅이 있을 뿐이었다.[12]

이스라엘의 신정 체제에서 하나님의 통치는 백성의 마음에서 이루어지는 보이지 않는 통치만을 의미하지 않았다. 구속사의 이 시기에 하나님의 통치는 이스라엘 땅 안에서 가시적이고 현실적으로 이루어졌다. 하나님의 이름이 바로 그곳에 거했다.

출애굽기 19:3-6에 따르면, 하나님은 신정 체제를 위한 청사진을 모세에게 계시하셨다.

> 모세가 하나님 앞에 올라가니 여호와께서 산에서 그를 불러 말씀하시되 너는 이같이 야곱의 집에 말하고 이스라엘 자손들에게 말하라 내가 애굽 사람에게 어떻게 행하였음과 내가 어떻게 독수리 날개로 너희를 업어 내게로 인도하였음을 너희가 보았느니라 세계가 다 내게 속하였나니 너희가 내 말을 잘 듣고 내 언약을 지키면 너희는 모든 민족 중에서 내 소유[세굴라]가 되겠고 너희가 내게 대하여 제사장 나라가 되며 거룩한 백성이 되리라 너는 이 말을 이스라엘 자손에게 전할지니라.

하나님과 이 백성 간의 관계의 본질은 이것이다. "나는 너희의 하나님이 되겠고 너희는 내 백성이 되리라." 이스라엘은 하나님의 종이며, 특권에는 책임이 따른다. 하나님이 택하신 이 백성, 이스라엘의 신정 체제는 주변 민족들 앞에서 하나님의 이름을 거룩하게 드러내야 했다. 신정 체제는 곧 사명을 의미했고, 사명은 구별됨을 전제로 했다.

이스라엘과 이방인 사이의 관계가 전면에 드러나는 것은

이러한 배경 위에서이다. 이스라엘은 여러 면에서 주변 민족들과 자신을 구별해야 한다. 이스라엘은 특히 종교적으로 주변 민족들과 구별되어야 한다. 다른 민족들은 많은 신을 섬기고 예배할 테지만 이스라엘은 오직 한 신만 섬겨야 한다(신 6:4-19). 따라서 하나님이 선택하시는 곳에서 하나님만 예배해야 한다는 명령에 대해 명확하고도 단호하게 헌신해야 한다(신 12장). 이 명령은 이스라엘과 유다 왕국, 그리고 그 왕들이 앞으로 어떤 운명을 맞게 될지를 결정하는 중요한 기준이 되었다.

이 시기 동안 이스라엘이 다른 신들과 음행하지 않는다면 하나님은 이 백성에게 복을 주실 것이다. 그때 다른 민족들은 이스라엘이 다르다는 것을 알아보고 두려워하게 될 것이다(신 28:8-10). 이스라엘은 하나님의 율법을 흔들림 없이 순종해야 한다. 다른 민족들은 온갖 윤리적으로 타락한 행위를 저지를지라도, 이스라엘은 하나님의 거룩한 기준에 따라 윤리적으로 순결하게 구별되어야 한다. 그렇지 않으면, 그 땅이 이들을 토해 낼 것이다(레 18:24-30).

더 나아가 하나님과 그의 백성 사이의 이러한 신정 관계 안에서 이스라엘은 한시적인 의식적 규례들(곧, 의식상의 구별)과 사법적 규정들을 가지고 있었다(웨스트민스터 신앙 고백 19장 3-4항을 보라). 이스라엘은 자신이 처한 시대적 상황에 따라 특별한 목적을 부여받은 민족이었다. 그러므로 이스라엘은, 비록 일시적이지만, 독특한 의식적, 사법적 규정들을 따르게 된 것이다.

하나님은 아브라함에게도 땅을 약속하셨다(창 15:18-21). 그 약속이 부분적으로 성취되기 시작한 것이 바로 이 시기다. 이스라엘의 사명은 세계 정복이 아니었다. 이스라엘의 사명은 역사의 특정 시기 동안 가나안 땅을 정복하고 우상을 숭배하는 가나안 족속을 물리치는 것이었다. 따라서 그 시대에는 세상의 특정한 땅, 곧 가나안 땅이 하나님의 이름이 거할 처소로서 하나님의 소유로 거룩하게 구별되었던 것이다. 그러나 신정 체제가 사라지면서(이 책에서 '신정 체제'란 용어는 단순히 왕정 시대만이 아니라, 왕정 이전과 왕정 시대, 심지어 포로기 이후 시대까지를 포괄하는 보다 일반적인 개념으로 사용되고 있다), 신정 체제와 관련된 사법적, 형벌적 규정들도 함께 끝났다. 신정 체제가 끝나면서 의식적 규례들도 함께 끝났다. 더 나아가, 하나님이 허락하신 지정학적 지배, 곧 하나님을 대신해 이스라엘을 위한 땅을 정복하고 가나안 족속들을 복속시키는 일도 함께 끝났다. 실체가 도래하면 그림자와 모형은 사라지는 법이다. 성취는 종결로 이어진다. 그리스도께서 성취하셨다. 그리스도야말로 모든 것의 성취다.

클라우니가 말했듯이, 땅 위의 왕이 다스리는 구별된 나라의 수립은 신정 체제 안에서 한 단계 더 나아간 발전이다. 다윗이 이끈 숱한 전투와 그의 아들 솔로몬이 성전을 건축한 일에서 신정 체제는 절정을 이룬다. 용맹한 전사였던 다윗은 땅의 대적들을 정복했다. 그는 나라(왕국)를 세우고 예루살렘을 수도로 정한다. 하나님의 이름이 영원히 거할 성전을 짓는 일은 평화의 사람, 솔로몬에게 맡겨진다. 솔로몬의 지휘 아래, 성전이 하나님의 거처로 세워진다. 하나님은 자기 백성 가운데 거처를 정하신다.

성전은 그 나라의 위엄과 영광을 드러낸다. 솔로몬의 유명한 성전 봉헌 기도에서 보듯이, 주변 민족들은 이 작은 나라 안에서 뭔가 확연히 다른 무언가를 보고 주목하게 될 것이다.

> 또 주의 백성 이스라엘에 속하지 아니한 자 곧 주의 이름을 위하여 먼 지방에서 온 이방인이라도 그들이 주의 크신 이름과 주의 능한 손과 주의 펴신 팔의 소문을 듣고 와서 이 성전을 향하여 기도하거든 주는 계신 곳 하늘에서 들으시고 이방인이 주께 부르짖는 대로 이루사 땅의 만민이 주의 이름을 알고 주의 백성 이스라엘처럼 경외하게 하시오며 또 내가 건축한 이 성전을 주의 이름으로 일컫는 줄을 알게 하옵소서. (왕상 8:41-43)

솔로몬은 더없이 빼어난 기도를 비슷하게 마무리한다.

> 여호와 앞에서 내가 간구한 이 말씀이 주야로 우리 하나님 여호와께 가까이 있게 하시옵고 또 주의 종의 일과 주의 백성 이스라엘의 일을 날마다 필요한 대로 돌아보사 이에 세상 만민에게 여호와께서만 하나님이시고 그 외에는 없는 줄을 알게 하시기를 원하노라 그런즉 너희의 마음을 우리 하나님 여호와께 온전히 바쳐 완전하게 하여 오늘과 같이 그의 법도를 행하며 그의 계명을 지킬지어다. (왕상 8:59-61)

솔로몬이 나라의 정점을 의미한다면(그렇더라도 솔로몬은 절대로 완벽한 왕이 아니었다; 왕상 11:7-13을 보라), 솔로몬부터 시작해 그의 길을 따른 왕들 대부분은 소수의 예외를 제외하면 점점 더 미끄러운 내리막길로 곤두박질친다. 열왕기를 기록한 익명의 저자의 관점에서 보면, 나라가 둘로 쪼개진 것은 백성의 혼합주의와 우상 숭배 때문이었다. 솔로몬의 통치 이후(왕상 2:11-11:43) 북이스라엘 지파들이 떨어져 나가 나라를 세우고 배교의 길을 걷게 된다(왕상 12-14장). 여로보암 왕은 금송아지를 만들어 하나는 벧엘에, 다른 하나는 단에 세웠고, 이로 인해 백성들의 마음이 예루살렘과 성전에서 멀어진다(왕상 12:25-33). 여로보암은 그 외에도 하나님의 뜻을 어기는 다른 여러 악행들을 저질렀다. 이들이 언약에 충실하지 못했는데도, 하나님은 이들에게 등을 돌리지 않으셨다.

그러나 얼마 지나지 않아, 북이스라엘에서 바알 숭배가 적어도 한때 심각한 위협으로 떠오른다. 아합과 사악한 왕비 이세벨, 곧 시돈의 왕 엣바알의 딸이 북왕국을 다스릴 때, 바알 숭배는 이스라엘을 매혹시키는 위험한 존재로 떠오른다. 이스라엘은 자신들의 하나님에게서 거듭거듭 등을 돌린다. 백성이 민족들 앞에서 제의적, 의식적, 윤리적, 지리적 구별성을 유지함으로써 하나님의 영광을 드러내지 못한다면, 하나님은 신실한 아버지로서 다른 민족들을 통해 이들을 징계하실 것이다. 이스라엘이 신실하지 못한 배우자처럼 행동한다면, 이스라엘의 유일한 참 남편이신 하나님이 이스라엘을 상대로 언약에 따라 소송을 제기하실 것이다. 실제로 하나님의 종인 선지자들이 이러한 소송을 제기한다(예를 들면, 아모스와 호세아를 보라).

요나서를 올바로 이해하려면, 이 시기에 이미 구약의 두 위대한 선지자가 말한 복이 이방인들에게 임했다는 사실을 놓치지 말아야 한다. 열왕기상 17장에 기록된 엘리야 선지자의 사역은 이스라엘 경계 바깥, 바로 페니키아 땅 사르밧에 사는 한 이방 과부에게 복을 가져다주었다. 이 내러티브는 하나님의 주권이 이스라엘 밖에서도 작동한다는 핵심을 일깨운다. 이미 구약 안에서 경계를 넘어서는 선교는 하나님의 사역으로서 정당성을 얻고 있었다.

(엘리야의 후계자) 엘리사의 사역에서도 하나님의 은혜는 이스라엘 경계 너머로 확장되었다. 이스라엘의 대적, 아람의 군대 장관 나아만은 나병을 치유받음으로써 하나님의 축복을 받았다(왕하 5장). 선지자의 말씀이 이스라엘 경계 밖에서 환영받았는데, 우리 주 예수님이 이 사실을 인용하시자 그 말씀을 들은 청중이 분노로 가득 찼다(눅 4:27-29). 하나의 동전에 양면이 있듯, 이방인들에게 복이 임하는 동시에 이스라엘에게 심판이 임한 것이다.

이 선지자들과 요나 사이에 주목할 만한 유사점이 있다. 사역 말미에(왕상 19장), 엘리야는 세 가지 일을 지시받았다. 하사엘에게 기름을 부어 아람 왕으로 세우고, 예후에게 기름을 부어 이스라엘 왕으로 세우며, 엘리사에게 기름을 부어 자신의 뒤를 잇는 선지자로 세우라는 것이었다. (어떤 의미에서) 엘리야는 마지막 지시는 이행했지만, 앞의 두 지시는 이행하지 않았다. 이로써 하나님의 계획이 좌절되었는가? 아니다.

엘리야의 후계자인 엘리사가 하사엘에게 그가 아람 왕이 될 것이며 더 나아가 새로운 왕으로서 이스라엘을 쑥대밭으로 만들 것이라는 사실을 전한 것이다.

엘리사가 다메섹에 갔을 때에 아람 왕 벤하닷이 병들었더니 왕에게 들리기를 이르되 하나님의 사람이 여기 이르렀나이다 하니 왕이 하사엘에게 이르되 너는 손에 예물을 가지고 가서 하나님의 사람을 맞이하고 내가 이 병에서 살아나겠는지 그를 통하여 여호와께 물으라

하사엘이 그를 맞이하러 갈 새 다메섹의 모든 좋은 물품으로 예물을 삼아 가지고 낙타 사십 마리에 싣고 나아가서 그의 앞에 서서 이르되 당신의 아들 아람 왕 벤하닷이 나를 당신에게 보내 이르되 나의 이 병이 낫겠나이까 하더이다 하니

엘리사가 이르되 너는 가서 그에게 말하기를 왕이 반드시 나으리라 하라 그러나 여호와께서 그가 반드시 죽으리라고 내게 알게 하셨느니라 하고 하나님의 사람이 그가 부끄러워하기까지 그의 얼굴을 쏘아보다가 우니

하사엘이 이르되 내 주여 어찌하여 우시나이까 하는지라

대답하되 네가 이스라엘 자손에게 행할 모든 악을 내가 앎이라 네가 그들의 성에 불을 지르며 장정을 칼로 죽이며 어린 아이를 메치며 아이 밴 부녀를 가르리라 하니

하사엘이 이르되 당신의 개 같은 종이 무엇이기에 이런 큰일을 행하오리이까 하더라

엘리사가 대답하되 여호와께서 네가 아람 왕이 될 것을 내게 알게 하셨느니라 하더라. (왕하 8:7-13)

이러한 하나님의 말씀은 그대로 이루어졌다. 열왕기하

13:22은 이렇게 전한다. "여호아하스 왕의 시대에 아람 왕 하사엘이 항상 이스라엘을 학대하였으나 …." 엘리사가 전한 메시지가 선지자 자신에게 큰 슬픔을 안겼을 게 당연하다. 그는 쓰라린 사명을 감당해야 했다. 엘리사의 동족이 이방인들의 손에 심판받을 것이었고, 엘리사 자신은 그 슬픈 소식을 전하는 전령이었다.

엘리사가 미래에 이스라엘을 심판할 이방인 왕에게 가기 꺼렸던 것처럼, 요나도 비슷한 이유로 니느웨에 가기 꺼렸을 가능성이 있다. 선지자들에 따르면, 앗수르는 이스라엘을 심판하시는 하나님의 도구가 될 터였기 때문이다. 복은 이방인들에게(요나의 경우, 니느웨에게) 임하지만, 하나님은 그 이방인들을 통해 이스라엘을 심판하신다. 게다가 요나는 하나님의 성품을 알고 있다(욘 4:2). 그러므로 요나는 니느웨로 가라는 명령이 몹시 거슬렸을 것이다.[13]

노벨 평화상을 받은 작가 엘리 위젤(Elie Wiesel)이 요나에게 이해의 시선을 보낸 것이 옳았는지도 모른다. 그는 우리의 가련한 안티히어로 편을 들면서 이렇게 썼다. "요나는 니느웨가 멸망하기를 바라지는 않지만, 그렇다고 이스라엘을 희생시키면서까지 니느웨가 살아남기를 바라지도 않았다."[14] 요나가 니느웨에 가고 싶지 않았던 이유가 이것 하나만이 아니었을 것이다. 많은 주석가들이 이 외에도 여러 가지 이유를 지적해 왔다.

물론 요나서에는 심판과 징계도 등장하지만, 그 무엇보다도 강하게 흐르는 주제는 '자비'다. 요나는 하나님이 자신에게 자비를 베푸셨음을, 그리고 이스라엘 백성에게도 자비를 베푸실 것임을 깨달아야 했다. 하나님은 요나가 배에서 자고 있을 때도 그를 끝까지 추적하시며 큰 자비를 베푸셨다. 실제로, 하나님은 요나를 구원하셨다. 독자들은 나중에 돌이켜보면서 이 자비가 또 다른 방식으로 드러나는 것을 볼 수 있다. 곧, 이스라엘이 유배되었다가 고향으로 돌아간 것이 그것이다. 더욱이 선지자들은 이스라엘 밖 사람들에게도 자비가 임할 것이라고 선언했다. 신약으로 넘어오면 하나님의 자비가 훨씬 더 풍성한 방식으로 나타나는 것을 볼 수 있다.

성경 전체가 그렇듯, 요나서에도 심판과 자비가 함께 나타난다. 이 부분에 대해서는 이후 본문에서 자세히 다루겠다. 이스라엘은 주님과의 언약을 반복해서 어기다가 결국 다른 민족들의 손에 의해 징계를 받는다. 그러나 그에 상응하듯 자비는 이방인들에게로 확장된다. 참으로, 자비가 우선이지만 절대로 자비를 위해 공의(정의)가 희생되어서는 안 된다. 하나님은 반드시 진실하셔야 하기 때문이다.

실제로 니느웨는 복을 받는다. 하나님의 자비가 히브리인들뿐 아니라 이방인들에게까지 미친다. 일찍이 아브라함에게 선포되었던 약속(창 12:1-3), 곧 모든 민족이 복을 받으리라는 약속이 가장 큰 선지자이신 예수 그리스도의 오심을 준비하는 과정에서 더 구체화된다. 구약성경은 종말론으로 넘쳐난다. 미래를 바라볼 때, 니느웨는 이스라엘을 향한 큰 책망의 상징이 될 것이다(마 12:41). 동시에 니느웨는 이방인을 향한 자비의 큰 상징이 될 것이다.

요나서의 메시지

요나서의 메시지는 세대를 거치며 다양한 해석의 모루에 놓인 채 망치질을 받아 왔다. 때로는 반유대주의가 사람들의 해석을 지배하기도 했고, 때로는 사람들의 상상력이 해석을 이끌기도 했다. 랍비 전승에서는 요나를 사르밧 과부의 이름 없는 아들과 연결했다(왕상 17장). 앞서 언급했듯이, 초기 교부들의 걷잡을 수 없는 상상력은 종종 지나치게 억지스러운 의미를 만들어 내곤 했다. 아우구스티누스는 요나가 그리스도를 예표하는 동시에 아직 기독교 교회로 만개하지 못하고 미숙한 유대 민족을 상징한다고 보았다.

루터는 요나서 강해를 준비하면서 옛 이스라엘에 대한 부정적인 시각에서 벗어나기 어려워했다. 칼뱅은 요나서를 본질적으로 징계의 학교에서 얻는 객관적 교훈으로 보았다. 다시 말해, 방황하거나 엇나가거나 신앙이 약해진 성도들에게 필요한 태도 수정의 본보기로 바라본 것이다. 계몽주의 시대에는 보편주의라는 주제, 곧 민족적 이스라엘의 경계 너머로 확장되는 하나님의 사랑과 자비라는 주제가 부각되었다. 19세기에는 많은 해석자가 선지자를 삼킨 큰 물고기의 정체, 크기, 개연성에 근시안적으로 초점을 맞춰 이 작은 책을 생물학 교과서로 만들려 했다. 마지막으로 일부 포스터모던 해석자들은 구약성경에 대한 '기독교 식민지화'의 위협을 전면에 내세우며, 신약성경의 헤게모니를 구약성경에 행사해서는 안 된다고 경고한다.

요나서라는 짧은 선지서에서 어떤 메시지를 도출하느냐는 독자가 본문에 적용하는 해석 원리에 의해 크게 좌우된다. 요나서에서 어떤 메시지를 받느냐는, 독자가 그 본문에 대해 어떤 질문을 던지느냐에 따라 달라지기도 한다.

겉핥기로 읽더라도 알 수 있듯이, 앞서 언급했듯 요나서는 이스라엘 밖 사람들에게까지 하나님의 자비가 미친다는 사실을 강조하고 있음이 분명하다. 하지만 왜 그런가? 이 메시지는 결국 예수 그리스도의 인격과 사역 안에서 완전한 성취를 맞이하게 된다. 바꾸어 말해, 사복음서에 기록되었듯 주님의 강림은 하나님 나라가 새로운 충만함으로 시작되었음을 드러내며, 유대인과 이방인 모두를 포함하는 그 나라는 땅끝까지 확장될 것이다. 요나서는 땅을 뒤흔드는 이 사건이 실제로 일어나기 수세기 전부터 그것을 예고하고 있는 셈이다.

그러나 자비는 이스라엘 밖 사람들에게만 전해지는 것이 아니다. 실제로 많은 학자들이 열왕기하 14:25의 직접적인 문맥 속에서도 자비라는 주제를 인식해 왔다. 독자들은 이스라엘을 향한 하나님의 선하심에 주목해야 한다.

> 이스라엘의 하나님 여호와께서 그의 종 가드헤벨 아밋대의 아들 선지자 요나를 통하여 하신 말씀과 같이 여로보암이[즉, 여로보암 2세가] 이스라엘 영토를 회복하되 하맛 어귀에서부터 아라바 바다까지 하였으니 이는 여호와께서 이스라엘의 고난이 심하여 매인 자도 없고 놓인 자도 없고 이스라엘을 도울 자도 없음을 보셨고 여호와께서 또 이스라엘의 이름을 천하에서 없이 하겠다고도 아니하셨으므로 요아스의 아들 여로보암의 손으로 구원하심이었더라. (왕하 14:25-27)

그러나 이 단락의 바로 앞 문맥에 주목하라! 저자는 "[여로보암 2세가] 여호와 보시기에 악을 행하여 이스라엘에게 범죄하게 한 느밧의 아들 여로보암의 모든 죄에서 떠나지 아니하였더라"고 말한다(왕하 14:24). 요약하면, 하나님은 니느웨뿐 아니라 이스라엘에게도 자비를 베푸셨다.

요나서에는 이 외에도 다양한 메시지가 있다. 일반적으로,

주석서들은 여러 해석자들의 다양한 견해를 제시한다. 실제로, 이 짧은 요나서는 단 하나의 메시지가 아니라 여러 메시지를 전달하려 한다. 최근 연구들이 보여 주듯이, 요나서는 매우 복잡하고 예술적인 단편이다.

그러므로 요나서가 주는 다채로운 교훈을 온전히 받으려면 배우려는 자세로 본문을 대해야 한다. 좋은 학생은 설득될 준비가 되어 있으며, 조용하고 차분하게 경청하고, 천천히 묵상하며 읽는 사람이다. 이것은 우리 현대인에게 결코 쉽지 않은 일이다. 마치 산에 오르는 일과 같다. 고된 수고와 자기 훈련이 필요하지만, 그 끝에서 얻게 되는 보상은 그만한 가치가 있다. 요나서에서 무언가를 배우고자 한다면, 제대로 읽을 준비를 해야 하며, 그 준비는 열린 마음과 겸손을 수반한다.

더 깊이 생각해보기

❶ 요나서는 언제 기록되었는가?

❷ 요나서 저자에 관해 확신할 수 있는 점은 무엇인가?

❸ 언약이란 무엇인가? 그리고 요나서에 언약이란 단어가 명시적으로 나타나지 않는데도 요나서를 해석하는 데 중요한 이유는 무엇인가?

❹ 엘리야, 엘리사, 요나 선지자들의 사역을 요약해 보라. 이들의 사역은 어떤 점에서 비슷하고 어떤 점에서 다른가? 이것이 요나서를 이해하는 데 중요한 이유는 무엇인가?

2장 도망치는 선지자

요나 1:1-3

또한 바다에서 보편적으로 일어나는 동족상잔도 생각해 보라.

바다의 모든 생물은 세상이 시작된 이래

서로 뜯어먹고 사는 영원한 전쟁을 계속하고 있다.

이 모든 것을 생각한 다음,

푸르고 부드러우며 온화한 대지로 시선을 돌려 보라.

바다와 육지, 둘 다 생각해 보라.

당신의 내면에 있는 무언가와 기이할 만큼

유사성이 있다고 생각되지 않는가?

이 섬뜩한 바다가 초록색 육지를 둘러싸고 있듯이

인간의 영혼 속에도 평화와 기쁨으로 가득한 타히티 섬이 있다.

그곳은 베일에 반쯤 가려진 삶의 공포로 에워싸여 있다.

신이 그대를 지켜 주시길! 부디 그 섬을 떠나지 말라.

떠나면 다시 돌아오지 못할 테니!

-허먼 멜빌, 『모비 딕』

여호와의 말씀이 아밋대의 아들 요나에게 임하니라.

이르시되 너는 일어나 저 큰 성읍 니느웨로 가서

그것을 향하여 외치라.

그 악독이 내 앞에 상달되었음이니라 하시니라.

그러나 요나가 여호와의 얼굴을 피하려고 일어나

다시스로 도망하려 하여 욥바로 내려갔더니

마침 다시스로 가는 배를 만난지라.

여호와의 얼굴을 피하여 그들과 함께 다시스로 가려고

배삯을 주고 배에 올랐더라.

-요나서 1:1-3

요나 선지자와 이스라엘의 대표

어느 이야기든 첫 문장은 절대적으로 중요하며, 제목도 없고 목차도 없는 이야기 세계에서는 더욱 그렇다. 첫 구절에서는 이 짧은 이야기의 유일한 등장인물, 곧 아밋대의 아들 요나를 소개한다. 하지만 그에 관한 정보는 아주 빈약하다. 엘리 위젤은 언젠가 이렇게 썼다.

성경에서 그에 관한 자료는 놀랄 만큼 빈약하다. 그의 이름과 아버지 이름 외에 아무것도 없다. 그는 어디 살았을까? 미스터리다. 그의 친구들, 그의 선생들, 그의 적들은 누구였을까? 확인이 불가능하다. 그를 유명하게 만든 사건이 있기 전까지 그는 무엇을 하고 있었을까? 그 일이 있은 후에는 어떻게 되었을까? 아무도 말해 주지 않는다. 니느웨와 그 안의 죄인들이 없었다면, 요나는 신성한 유대 역사에 등장하지 않았을 테고 고래도 마찬가지였을 것이다.[1]

'요나 벤 아미타이'(*Yonah ben 'Amittay*)라는 이름은 "비둘기, 진리의 아들"이란 뜻이다. 일반적으로, 고대 셈족 사람들은 자녀의 이름을 지을 때 매우 신중했다. 그들은 한 사람의 이름에 엄청난 의미를 부여하곤 했다. 일부 학자들은 요나의 이름에 어느 정도의 중요성을 부여하기도 하지만, 내 견해로는 이를 지나치게 해석해서는 안 된다고 본다. 오늘날의 독자들은 이 선지자의 이야기를 읽은 후 그의 이름에 지나친 의미를 부여하기 쉽다. 그러나 자료가 매우 부족하고 고대 저자와 우리 사이에 수천 년의 간극이 있다는 점을 고려할 때, 그런 해석에는 신중함이 요구된다. 주인공의 이름은 요나였다. 우리의 행동이 우리의 이름(평판)에 의미를 더하듯, 이 주인공의 이름이 '아밋대의 아들 요나'라는 사실보다도 그의 행동이 그의 성품을 더 잘 드러낸다. 이름의 의미나 어원에 대한 추측보다 그의 행동을 통해 그의 성품이 드러나는 것이다.

그럼에도 불구하고, 요나의 이력은 왜 이렇게나 간략한 걸까? 이것은 요나서 전체를 해석하는 데 있어 중요한 질문이다. 앞 장에서는 요나서의 원래 독자가 누구였는지를 다루었다. 비록 원래 독자가 누구였는지를 확실히 말할 수는 없지만, 저자는 구약 시대의 이스라엘과 이후 세대의 하나님의 교회를 향해 말하고 있다고 할 수 있다. 그리고 특별히 요나서가 이스라엘을 향해 말한다는 점에 대해 우리는 좀 더 언급할 필요가 있다.

요나서가, 적어도 처음에는, 구약의 하나님의 백성(곧, 이스라엘)을 향해 기록되었다는 것이 사실이라면 요나가 어떤 의미에서 대표 역할을 하고 있는 것은 아닐까? (예를 들어, 호세아와 에스겔처럼) 구약의 다른 선지자들이 이런 역할을 한 바 있다. 몇몇 요나서 주석가들과 더불어 나 역시 실제로 요나가 대표 역할을 수행하고 있다고 생각한다.[2]

칼빈 신학교 교수 존 스텍(John Stek)은 요나의 대표 역할과 관련해 세 가지 가능성을 제시했다. 첫째, 요나는 일반적인 인간을 대표했을 것이다(몇몇 학자가 이 입장을 취한다). 둘째, 요나는 선지자적 사명을 부여받은 사람이라면 누구든지 대표했을 것이다. 셋째, 요나는 이스라엘 민족 전체를 대표했을 것이다.[3]

내가 보기에, 스텍은 이 세 가지 가운데 마지막, 즉 요나가 이스라엘 전체를 대표한다는 견해를 설득력 있게 옹호한다.

요나가 모든 사람을 대표한 것은 아니었다. 하지만 독자들이 요나에게 자신을 이입할 수 있는 지점은 분명히 존재한다. 특히, 요나의 어리석음이나 완고함 같은 면에서는 더욱 그렇다. 특히 요나서 2장의 시는 독자들이 요나 선지자에게 공감하고 자신을 그와 동일시하게끔 만든다.

요나는 이스라엘의 모든 선지자를 대표한 것도 아니었다. 오히려 요나는 모든 이스라엘을 대표하는 인물이다. 스텍에 따르면, 이러한 입장은 여러 면에서 뒷받침된다. 예를 들어, 요나에 관한 정보는 매우 제한적이며, 그의 선지자 직무에 관해서도 알려진 바가 거의 없고, 에피소드 전체가 먼저 선원들 사이에서, 다음에는 니느웨에서 세상이란 광대한 무대를 배경으로 전개된다. 니느웨는 이방인들을 대표하는 존재처럼 그려진다. 스텍은 그 외에도 다른 증거들을 제시하는데, 그의 입장을 더 잘 이해하기 위해 그의 글을 직접 읽어 보길 권한다.

에드먼드 클라우니도 이렇게 말하며 비슷한 주장을 편다. "하나님의 개별적인 종 요나는 하나님의 종으로 부르심을 받은 민족 전체를 대표한다."[4] 그리스도께서 오시기 이전에도, 하나님은 이스라엘과 이방인들의 관계에 관해 어떤 말씀을 전하고자 하셨고, 이방인들을 통해 이스라엘과 하나님의 관계에 관해서도 무엇인가를 말씀하고자 하셨다. 이것이 이스라엘에게 직접 적용되는 메시지였다. 요나의 메시지는 단순히 요나 선지자를 향한 꾸짖음이 아니라 요나가 대표하는 이스라엘 민족 전체를 향한 꾸짖음이기도 했다. 이것은 특히 요나서 4장에서 분명해진다. 그러나 이러한 요나서 해석은 알레고리적 해석으로 이어질 수 있으므로 신중히 접근해야 한다.

큰 성읍 니느웨

요나가 어떤 의미에서 이스라엘 민족 전체를 대표한다면, 니느웨는 어떤 의미에서 이방인 세계 전체를 대표한다. 스텍 교수가 지적하듯이, 이러한 관점은 특히 요나서 4장에서 잘 나타난다. 거기서 하나님이 니느웨 사람들과 그들의 가축에게 표현하시는 연민은 더 넓은 세상 전체에도 적절하게 적용될 수 있기 때문이다.

하나님은 요나에게 고대의 큰 성읍(대도시) 니느웨로 가라고 명하신다. 니느웨는 고대 세계에서 가장 큰 도시 가운데 하나였다. 이스라엘에서 북동쪽으로 약 1,000킬로미터 거리에 위치했으며 천 년이 넘은 역사를 지녔다. 고대 세계의 기준에서, 니느웨는 거대 도시였다. 이는 고대 도시와 관련된 고고학 정보뿐 아니라 히브리어 본문에 나타난 섬세한 묘사와 강조점을 통해 알 수 있다.

니느웨는 현재의 이라크 북부, 오늘날의 알-모실(모술) 근처에 자리했다. 19세기 영국 고고학자들이 이곳을 발굴해 많은 비문과 웅장한 부조를 찾아냈는데, 이들은 그 유명한 대영박물관에 소장되어 있다. 이라크 정부는 1960년대와 1970년대 내내 이 지역에서 발굴을 계속했다. 따라서 이제 우리는 니느웨에 대해 꽤 많은 것을 알고 있다. 실제로 니느웨는 고대 앗수르 관습에 대해 현대 세계에 알려 주는 가장 중요한 유적지 가운데 하나가 되었다.

산헤립의 통치 기간 동안(주전 704-681년), 니느웨는 앗수르 제국 최고의 왕도(王都)가 되었으며(왕하 19:36) 웅장한 건물과 성벽을 갖추었다. 그러나 니느웨는 주전 612년 8월, 메대인들에게 파괴되었고, 곧이어 바벨론에 의해 점령당했다. 이후 수 년 동안 니느웨는 하나님의 백성을 대적하는 악의 세력을 상징하는 도시가 되었다. 이는 마치 훗날 요한계시록에서 바벨론이 그러한 상징이 된 것과 비슷하다.[5] 니느웨가 패망한 지 오랜 시간이 지난 후에도, 이 도시는 그 이름만으로도 히브리인들의 기억에 부정적으로 작용했다. 심지어 초기 교회에서도 니느웨는 마귀의 상징으로 여겨졌다.[6] 이러한 배경을 고려할 때, 독자들은 요나가 하나님에게서 "너는 일어나 저 큰 성읍 니느웨로 가서 그것을 향하여 외치라"는 명령을 받았을 때 그의 머릿속에 어떤 생각이 가장 먼저 떠올랐을지 충분히 짐작할 수 있다.

하나님의 명령과 요나의 반응

요나는 한 가지 명령을 받았다. "니느웨로 가서 그것을 향하여 외치라!" 하나님이 표현하신 주권적 의지는 요나에게 명령이 되었다. "일어나 가라!" 우리는 이전 선지자들이 하나님의 명령에 어떻게 반응했는지를 알기에, 당연히 이 하나님의 예언자도 그 명령에 순종할 것이라고 예상하기 마련이다. 예를 들어, 열왕기상 17:2-3은 이렇게 말한다. "여호와의 말씀이 엘리야에게 임하여 이르시되 너는 여기서 떠나 동쪽으로 가서 요단 앞 그릿 시냇가에 숨고." 5절에서 우리는 엘리야의 행동을 확인할 수 있다. "그가 여호와의 말씀과 같이 하여 곧 가서 요단 앞 그릿 시냇가에 머물매." 요나는 이와는 전혀 다른 모습을 보여 준다.

하나님(또는 지위가 높은 사람)의 명령에 순종하는 사람의 반응은 종종 히브리어 내러티브에서 동일한 동사 어근을 활용한 유사한 형태의 문장으로 나타난다. 그러므로 3절에서 요나가 "**일어나 갔다**"는 식의 구절이 나올 것이라 예상하게 된다. 그런데 실제로 3절에서 요나는 "**피하려고 일어났다**." 요나는 하나님에게서 도망치기로 굳게 작정했기 때문에, 저자는 요나가 얼마나 단호하게 도망치려 했는지를 상세히 보여 준다.

첫째, 요나는 욥바, 지금의 야파(Jaffa)로 간다. 욥바는 오늘날 텔아비브(Tel Aviv)에서 멀지 않은 항구 도시였다. 고대에 욥바는 극히 짧은 기간을 제외하고는 히브리인들의 통제 밖에 있었다. 따라서 주석가들이 수세기 동안 인정해 왔듯이 요나는 하나님의 감시망을 피하고자 이 도시로 향한 것으로 보인다.

둘째, 요나는 다시스로 가는 배에 오른다. 다시스의 위치를 두고 적잖은 논쟁이 있지만 모두 동의하는 한 가지가 있다. 바로 다시스가 니느웨와 정반대 방향에 있었다는 것이다. 하나님은 요나에게 동쪽으로 가라고 명하셨다. 그런데 요나는 꼬리를 감추고 서쪽으로 내달렸다. 요나의 긴 추락은 이렇게 시작되었다.

셋째, 고대 세계에서 바닷길 여행은 매우 오랜 시간이 걸렸다. 오늘날 기준으로 보면 선박의 속도는 매우 느렸고, 안전하게 항해할 수 있는 기간도 1년 중 몇 달에 지나지 않았다. 이런 사실을 종합해 보면, 요나는 하나님의 주권적 통치에서 벗어나려 애쓰고 있었던 것이다. 그러므로 요나서는 팽팽한 긴장감 속에서 시작된다. 공식적으로 표현된 하나님의 주권적 의지("일어나 가라")와 이 명령에 대한 선지자의 단호한 거부("요나가 피하려고 일어났다")가 팽팽한 긴장을 이룬다. 조금이라도 의심이 남는다면, 요나가 문자 그대로 "여호와의 얼굴을 피하여"(3절에서 두 번 언급된다) 도망치려 했다는 사실에 내레이터가 독자의 시선을 집중시킨다는 데 주목하라. 그러나 요나의 문제는 단순한 불순종에 그치지 않는다. 불순종은 겉으로 드러난 문제일 뿐이었다. 겉으로 드러난 요나의 행동 이면에 더 근본적인 문제들이 숨어 있었다.

우리가 독자로서 안티히어로에게 얼굴을 찌푸리고 싶은 유혹에 넘어가기 전에 반드시 인정해야 할 게 있다. 요나와 똑같은 충동이 우리 모두의 마음에 있다는 것이다. 하나님을 향한 순종에서 도망치고 우리의 주님을 섬기는 데서 도망치고 싶은 충동 말이다. 여러 해 전, 저널리스트이자 신학자이며 네덜란드 수상을 지낸 아브라함 카이퍼(Abraham Kuyper)가 인간의 상태를 잘 요약했다. "우리의 마음은 늘 우리의 하나님 여호와께 반역하려 한다. 얼마나 반역에 쉽게 기울어지는지, 하나님보다 우리가 더 효과적으로 세상을 관리하고 이끌 수 있다고 상상하면서 단 하루라도 하나님의 손에서 그분의 지고한 통치의 고삐를 빼앗으려 든다."[7]

이제 이야기의 방향과 배경이 완성되었다. 우리는 무대와 주인공을 소개받았다. 요나서 저자는 아주 적은 말로 아주 많은 것을 표현했다. 더불어 우리는 이 이야기에서 가장 핵심적인 질문 중 하나를 제시했다. 요나가 왜 도망쳤을까?

더 깊이 생각해보기

❶ 우리가 요나에 대해 알고 있는 정보는 무엇인가? 요나는 어떤 면에서 한 개인 이상의 의미를 지니는가?

❷ 성경에서 앗수르는 어떤 역할을 하는가?

❸ 고대 이스라엘 사람이 니느웨라는 도시 이름을 들을 때 어떤 생각이 들었을까?

❹ 요나서의 첫 세 절은 이 책 전체를 어떻게 소개하고 있는가?

3장 배 안에서 일어난 대혼란

요나 1:4-6

그때 우리는 배가 언제 가라앉을지 모른다는 생각뿐이었어!

그런데 뭐? 죽음과 심판?

돛대 세 개가 모두 부러져 뱃전을 때리자 천둥 같은 소리가 났고,

바닷물이 사방에서 덮쳐오고 있었다고.

그런 상황에서 죽음과 심판 같은 걸 생각할 시간이 어디 있어?

-허먼 멜빌, 『모비 딕』

여호와께서 큰 바람을 바다 위에 내리시매

바다 가운데에 큰 폭풍이 일어나 배가 거의 깨지게 된지라.

사공들이 두려워하여 각각 자기의 신을 부르고

또 배를 가볍게 하려고 그 가운데 물건들을 바다에 던지니라.

그러나 요나는 배 밑층에 내려가서 누워 깊이 잠이 든지라.

선장이 그에게 가서 이르되 자는 자여 어찌함이냐?

일어나서 네 하나님께 구하라.

혹시 하나님이 우리를 생각하사

망하지 아니하게 하시리라 하니라.

-요나서 1:4-6

4절에서 새로운 장면이 우리 눈앞에 펼쳐진다. 내레이터는 요나의 계획이 그가 생각한 것처럼 순조롭게 진행되지 않을 것임을 보여 주려 애쓴다. 히브리어 본문의 어순은 일반적인 예상과 다르다. 여기서 쓰인 언어는 주체인 주님이 취하신 반격에 우리의 주의를 집중시킨다. "그러나 여호와께서 … 내리시매"라는 표현이 그것이다. 선지자와의 대결에서 하나님은 바다뿐만 아니라 공중까지 장악하신다.

이스라엘 사람들은 사실상 넓은 바다에 대한 경험이 거의 없거나 전무하다시피 했다. 물론 성경에는 이와 다른 암시들이 간혹 나타나기도 한다(예를 들면, 왕상 22:48-49; 대하 9:21, 20:35-37; 시 107:23-32). 실제로 솔로몬은 해군을 양성하기도 했다. 하지만 이스라엘은 대부분 땅을 밟고 사는 육지의 사람들이었고 넓은 바다에 관해서는 아는 게 거의 없었다. 우리는 고대 이스라엘 주변 국가들의 해양 관행에 대해 어느 정도 알고 있긴 하지만, 이러한 관습을 요나서에 적용해 해석하려는 시도는 적절하지 않다.

그러나 지금 우리가 보고 있는 본문과 고대 근동 지역의 항해에 관한 지식을 토대로, 최소한 다음과 같이 단언할 수 있다. 바다의 폭풍은 이스라엘 사람들에게 매우 강한 경외감과 경탄을 불러일으켰을 것이다. 실제로 에스겔서에는 두로(베니게의 무역항)를 위한 애가가 나오는데, 이는 이스라엘이 바다에 대해 품고 있던 경외심과 매혹을 잘 보여 준다.

> 다시스의 배는 떼를 지어 네 화물을 나르니
> 네가 바다 중심에서 풍부하여 영화가 매우 크도다.
> 네 사공이 너를 인도하여 큰물에 이르게 함이여.
> 동풍이 바다 한가운데에서 너를 무찔렀도다.
> 네 재물과 상품과 바꾼 물건과
> 네 사공과 선장과 네 배의 틈을 막는 자와
> 네 상인과 네 가운데에 있는 모든 용사와
> 네 가운데에 있는 모든 무리가
> 네가 패망하는 날에 다 바다 한가운데에 빠질 것임이여.
> 네 선장이 부르짖는 소리에 물결이 흔들리리로다…
> 네가 바다 깊은 데에서 파선한 때에
> 네 무역품과 네 승객이 다 빠졌음이여. (겔 27:25-28, 34)

일부 저자들의 주장과는 달리, 에스겔 전승이 요나 이야기의 직접적인 원천이라고 단정할 수는 없다. 유사점이 많기는 하지만, 그것이 곧 출처임을 의미하지는 않는다.

이 폭풍이 얼마나 맹렬했는지는, 이 장면에 등장하는 선원들의 반응을 보면 알 수 있다. 바다에 익숙한 사람들은 날씨가 조금 나빠졌다고 쉽게 동요하지 않는다. 나 역시 수년간 알래스카 바다에서 어부로 일하면서 이것을 직접 목격했다. 그 시절, 바람이 휘몰아치고 바다가 거세지며 파도가 뱃전을 철썩 때리는데도 노련한 어부들이 침착함을 잃지 않는 모습에 나는 자주 감동을 받았다. 그런데 요나서의 이 장면에서 선원들은 정신없이 허둥댄다. 이는 예사 폭풍이 아니었음을 의미한다. 실제로 두려움이란 주제는 요나서 1장 전체에 세밀하게 엮여 있다(5, 10, 16절을 보라).

내레이터는 하나님이 이 폭풍을 보내셨음을 강조하기 위해 공을 들여 묘사한다. 폭풍이 맹렬하게 몰아쳤다. 폭풍이 어찌나 거셌던지 배가 산산조각 날 위협을 느낄 정도였다. 배에 의인화가 적용된 것이다. 이것이 번역본에서는 바로 드러나지 않을 수 있지만, 탁월한 성경학자인 잭 새슨(Jack Sasson)은 이 부분을 원어에 좀 더 가깝게 표현한다. "배가 **스스로** 부서질 것이라고 **예상했다**"(The ship expected itself to crack up).[1] 또는 다른 저자가 (농담조로?) 말하듯이, 배는 "신경쇠약에 걸릴 지경"이었다.[2] 이런 의인화는 성경을 비롯해 여러 세계 문학작품에서 흔히 사용되는 기법이므로 독자들은 이것을 낯설게 여길 필요가 없다. 실제로 이사야서에서는 다시스의 배들이 슬피 부르짖으라는 명령을 받기도 한다(사 23:1을 보라).

배가 폭풍우에 시달리는 장면을 예술적으로 묘사하기 위해, 내레이터는 4절 끝부분의 히브리어가 마치 파도가 배에 부딪치는 소리처럼 들리게 구성했다(*hishebah lehishaber*, "거의 깨지게 된지라"). 히브리인들은 언어유희에 능했으며, 이는 다른 셈족 언어 사용자들도 마찬가지였다. 종종 이런 언어유희를 통해 신학적 혹은 문학적 뉘앙스를 효과적으로 전달했다.

이 무시무시한 폭풍에 선원들은 잔뜩 겁에 질렸다. 그래서 노련한 이들까지 차례로 각자의 신에게 부르짖고, 심지어 짐을 바다에 버리기 시작한다. (일부 주석가들의 주장과 달리) 이 선원들은 탈선한 선지자를 맹렬히 추격하는 어느 신의 반격에 휘말린 무고한 방관자들이 아니다. 이들은 우상 숭배자들이기에 하나님의 진노를 받아 마땅하다(롬 3:10-18). 내레이터는 하나님이 큰 바람을 바다 위에 "내리셨다"(문자적으로는 "던지셨다")고 말한 후, 선원들이 자신들의 짐 일부를 바다에 "던졌다"(동일한 히브리어 동사)고 말한다. 잠시 후, 이들은 바다를 달래기 위해 승객 한 명도 바다에 던질 것이다(동일한 히브리어 동사).

그러나 배에 탄 사람 모두 필사적인 것은 아니었다. 바람이 거세게 불고, 파도가 배에 부딪치며, 물보라가 치고, 배가 요동치며, 선원들이 몸을 가누지 못한다. 반면에, 요나는 배 밑층으로 내려가 깊이 잠든다. 본문은 폭풍에 대한 선원들의 반응에서 요나의 반응으로 초점을 옮긴다.

5절에 대한 NIV 번역은 요나가 이미 폭풍이 시작되기 전에 배 밑으로 내려갔음을 암시한다. 하지만 히브리어 원문은 이것을 구체적으로 명시하지 않으며, 나는 여러 이유에서 폭풍이 일어나고 선원들이 배를 구하려 사투를 벌이던 그 시간에 요나가 아래로 내려갔다고 생각한다. 선원들은 폭풍에 맞서 적극적으로 행동한 반면, 요나는 무반응으로 일관한다.

요나가 점점 아래로 내려가는 모습이 이 단락 전체에 걸쳐 동음이의어를 활용한 언어유희로 반복된다. 3절에서 요나는 욥바로 **내려갔으며**(*vayyered*) 뒤이어 배 안으로 **내려갔다**(*vayyered*). 이제 5절에서 요나는 단잠에 빠지기 위해(*vayyeradam*) 다시 **내려갔다**(*yarad*). 위에서는 난리가 난 상황에 아래에서 웅크린 채 잠에 빠진 선지자의 모습이 극명한 대조를 이룬다! 여기서 내레이터가 선택한 어휘는 풋잠을 의미하지 않는다. 오히려 이 히브리어 단어와 관련된 동사들과 명사들은 깊거나 최면에 걸린 듯한 수면 상태를 의미한다(예를 들면, 창 2:21, 욥 4:13, 삿 4:21). 히브리어 성경을 고대 헬라어로 번역한 70인역은 실제로 이 지점에 편집자 주석을 삽입해, 잠든 우리의 안티히어로 요나가 코를 골기 시작했다고 설명한다! 물론 이 잠이 정확히 어떤 성격의 수면이었는지를 지나치게 분석하려는 시도는 어리석은 일일 수 있다. 이는 종종 요나의 심리 상태에 관한 단순한 추측으로 이어지기 때문이다.

이제 배의 선장이 (또는 '조타수'가) 배 밑으로 내려와 잠꾸러기에게 간청한다. 자신들과 배가 멸망하지 않도록, 요나가 믿는 신에게 부르짖어 달라는 것이다. 다신론을 따르던 아테네 사람들이 어떤 신이든 달래지 않고 지나치는 것을 두려워하여 "알지 못하는 신에게" 제단을 세웠듯이(행 17:23), 이 배의 선장도 졸린 눈을 비비는 선지자에게 그의 신을 달래라고 호소한다. 선장은 요나에게 묻는다. "자는 자여 어찌함이냐?" 이때 사용된 히브리어 관용구(*mah-lleka*)는 신약성경의 언어에도 영향을 주었으며(요 2:4) 일종의 질책을 의미한다. "도대체 뭐 하는 겁니까?" 히브리어를 아는 독자라면, 선장이 "**자는 자여**(*nirdam*), 어찌함이냐?"라고 말하는 6절에서 바로 앞 구절들에서 사용된 언어유희의 메아리를 충분히 들을 수 있을 것이다.

흥미롭게도 선지자 요나는 자기 때문에 선장과 선원들이 위험에 빠졌음에도 불구하고 이 시점에서 선장에게 반응조차 하지 않는다. 더 나아가 "**혹시** 하나님이 우리를 생각하사"라는 선장의 표현은 이야기 전반에 걸쳐 전개되는 또 하나의 중요한 주제를 암시한다. 바로 인간의 행위와는 무관하게 자유롭게 역사하시는 하나님의 행동이라는 주제다.

1장과 2장에서 우리는 도망치는 이 선지자의 성격 묘사를 유심히 살펴보았다. 요나는 하나님의 분명한 명령에 불순종했을 뿐 아니라, 자신의 도피 행위로 다른 사람들을 위험에 몰아넣었다. 이 선지자의 행동은 훗날 이스라엘에서 나실 선지자의 행동과 너무나 다르다.

요나의 행동은 선원들의 행동과도 극명하게 대조되지만, 나사렛 출신의 선지자 예수님의 모습과는 더욱 큰 차이를 보인다(마 21:11, 눅 7:16, 요 4:19). 자크 엘륄(Jacques Ellul)은 요나와 그리스도의 차이에 대해 다음과 같이 통찰력 있게 설명한다. "물론 요나와 예수 그리스도 사이에는 큰 차이가 있다. 요나는 죄가 있는 자이며, 하나님의 뜻을 따르려 하지 않았다. 여호수아와 다윗이 예수 그리스도가 아니듯이, 요나도 예수 그리스도가 아니다. 그러나 요나는 하나님의 아들의 온전한 모습을 부분적으로 보여 주는, 예수님의 숱한 모형 가운데 하나다."[3] 하나님을 섬기지 않으려고 어기대며 도망친 선지자와 달리, 예수님은 하늘에 계신 아버지 앞에서 자신의 모든 의무를 기꺼이 수행한 선지자였다. 참으로, 예수님은 아버지의 뜻을 행하지 않겠다고 어기대신 적이 없다(요 17:4, 빌 2:6-8).

주목할 부분이 더 있다. 요나가 폭풍 가운데 취한 행동은 우리 주님이 갈릴리 바다의 폭풍 가운데 취하신 행동과도 극명하게 대비된다(마 8:23-27, 막 4:35-41, 눅 8:22-25). 둘 다 위험한 상황에서 잠들었고 그들과 함께 배에 탄 나머지 사람들은 공포에 사로잡혔다. 예수님과 함께 배 안에 있던 제자들은 믿음을 잃어버렸기 때문에 두려워했다. 요나와 함께 배 안에 있던 선원들은 자신들이 죽게 되었다고 생각했기 때문에 두려워했다. 그러나 지금까지의 이야기 흐름 속에서 이 선원들은 누구로 인해 이 혼란이 일어난 것인지 아직 알지 못한다.

한낱 인간일 뿐인 요나는 아래로 내려가 깊은 잠에 빠짐으로써 하나님의 뜻과 폭풍을 피하려 한다. 반면 한낱 인간 이상이신 예수님은 하늘 아버지의 뜻을 온전히 받아들이셨기에 폭풍 가운데서 평안히 주무신다. 요나는 선지자로서의 사명을 회피하려 도망치지만, 예수님은 자신의 사명을 온전히 감당하시며, 믿음을 잃어 버린 제자들을 책망하실 뿐 아니라 풍랑을 향해서도 꾸짖으신다. 그 결과 거센 바다가 잠잠해진다. 이러한 비교는 창조주이자 구속자이신 분과 피조물 사이에 존재하는 깊고도 넓은 간극을 드러낸다.

더 깊이 생각해보기

❶ 이스라엘 사람들은 바다에 대해 얼마나 친숙했을까?

❷ 이 폭풍이 얼마나 심각했는지를 보여 주는 구체적인 단서들은 무엇인가?

❸ 폭풍 속에서 요나와 선원들은 각각 어떤 반응을 보이는가? 그들의 행동을 비교해 보라.

❹ 선지자 요나의 행동과 선지자 그리스도의 행동을 비교해 보면 어떤 차이가 드러나는가?

❺ 요나서의 첫 여섯 절을 통해, 앞으로 전개될 이야기의 어떤 주제들이 암시되고 있다고 느껴지는가?

4장 배 밖으로 내던져진 선지자

요나 1:7-16

그러나 그는 고래잡이로 일하면서
기독교인들도 비열하고 사악할 수 있다고,
아버지의 신하인 이교도들보다 훨씬 더 그럴 수 있다고
확신하게 되었다.
-허먼 멜빌, 『모비 딕』

그들이 서로 이르되 자 우리가 제비를 뽑아
이 재앙이 누구로 말미암아 우리에게 임하였나 알아보자 하고
곧 제비를 뽑으니 제비가 요나에게 뽑힌지라.
무리가 그에게 이르되
청하건대 이 재앙이 누구 때문에 우리에게 임하였는가 말하라.
네 생업이 무엇이며 네가 어디서 왔으며

네 나라가 어디며 어느 민족에 속하였느냐 하니
그가 대답하되 나는 히브리 사람이요 바다와 육지를 지으신
하늘의 하나님 여호와를 경외하는 자로라 하고
자기가 여호와의 얼굴을 피함인 줄을 그들에게 말하였으므로
무리가 알고 심히 두려워하여 이르되
네가 어찌하여 그렇게 행하였느냐 하니라.
바다가 점점 흉용한지라.
무리가 그에게 이르되 우리가 너를 어떻게 하여야
바다가 우리를 위하여 잔잔하겠느냐 하니
그가 대답하되 나를 들어 바다에 던지라.
그리하면 바다가 너희를 위하여 잔잔하리라.
너희가 이 큰 폭풍을 만난 것이
나 때문인 줄을 내가 아노라 하니라.
그러나 그 사람들이 힘써 노를 저어
배를 육지로 돌리고자 하다가
바다가 그들을 향하여 점점 더 흉용하므로 능히 못한지라.
무리가 여호와께 부르짖어 이르되
여호와여 구하고 구하오니
이 사람의 생명 때문에 우리를 멸망시키지 마옵소서.
무죄한 피를 우리에게 돌리지 마옵소서.
주 여호와께서는 주의 뜻대로 행하심이니이다 하고

요나를 들어 바다에 던지매 바다가 뛰노는 것이 곧 그친지라.
그 사람들이 여호와를 크게 두려워하여
여호와께 제물을 드리고 서원을 하였더라.
-요나서 1:7-16

1장의 구조

지난 몇 장에서 나는 요나서를 읽을 때 중요한 여러 가지 주제들을 독자들에게 소개했다. 예를 들어, 역사적, 신학적 배경을 알면 요나서를 이해하는 데 어떤 면에서 도움이 되는지, 성경을 그리스도 중심적으로 책임감 있게 읽고 본문을 원 독자와 후대 독자에게 적절하게 적용하는 게 왜 중요한지, 저자가 요나서를 신선하고 매력적으로 만들기 위해 어떤 다양한 문학적 도구를 사용하는지 살펴보았다. 이번 장에서는 성경 저자들이 자주 사용하는 문학 기법을 몇 가지 더 소개할 것이다. 또한 요나서 1장에 실린 상당히 긴 내러티브를 살펴보면서, 독자들이 이 부분을 해당 문맥 안에서, 그리고 성경 전체의 맥락 안에서 해석하도록 도울 것이다.

성경 이야기의 구조를 파악하는 일이 그 의미를 파악하는 데 있어 매우 중요할 때가 있다. 본문 안에서 단어, 어구, 주제가 배열되는 방식을 통해 의미가 전달되는 경우가 많기 때문이다. 의미를 파악하려 할 때, 형식과 내용을 분리해서는 안

된다. 형식과 관련해, 교차대구법(chiasm)은 고대 저자들이 자주 사용한 문학 기법이다. 교차대구 구조에서는 이야기 후반부 요소들이 전반부 요소들과 역순으로 배치된다. 이 패턴은 길 수도, 짧을 수도 있으며, 매우 복잡할 수도, 매우 단순할 수도 있다.[1] 학자들이 다른 구약성경 책들에서 교차대구 구조를 지적해 온 것처럼, 요나서 안에서도 교차대구 구조가 있다는 주장이 제기되어 왔다.

노르베르트 로핑크(Norbert Lohfink)가 요나서 1장에 동심원 패턴 또는 교차대구 구조가 있다고 처음 제안한 이래 많은 사람이 이를 변형한 다양한 해석을 주장해 왔다. 우리는 요나서 2장에 교차대구법이 사용된 예를 살펴볼 것이다. 그러나 교차대구 구조를 토대로 1장의 의미를 해석하고 결론을 도출하려는 많은 시도들은 대체로 지나치게 억지스럽다.

하나님의 뜻 판단하기

고대 세계에서 신의 뜻을 알아내는 방식은 오늘날과는 많이 달랐다. 고대 세계에서 사람들은 새들이 나는 패턴을 보고 미래에 대한 지침을 얻기도 하고, 특정 동물의 내장을 살펴보기도 했다. 바벨론 사람들이 간(肝)의 색을 보고 점을 쳤다는 기록이 아카드어 문헌에 많이 남아 있다. 고대 셈어, 특히 바벨론의 고대 언어를 공부하는 대학원생들은 학기 내내 메소포타미아에서 출토된 아카드어 간점(肝占) 문서를 해석하느라 고생하기도 한다!

고대 문명에서는 미래를 점치거나 특정 사건의 원인을 알아내기 위해 자연 현상, 특히 자연의 패턴과 주기를 살펴보곤 했다. 하늘의 뜻을 묻는 또 다른 일반적인 방식은 제비뽑기였다.

제비뽑기 관습은 성경 여러 곳에서도 언급된다(레 16:8-10, 삿 20:9, 삼상 10:19-21, 느 11:1, 잠 18:18, 행 1:26). 정확한 절차가 어땠는지는 알기 어렵다. 사용된 방식들이 제각기 달랐음에도 그 의미는 분명하다. 제비에 뽑힌다는 것은 신에게 선택받았다는 뜻이다. 요나 이야기에서 선원들이 사용한 방식이 이것이었다. 요나가 문제의 원인이란 답을 얻은 후, 선원들은 요나에게 질문을 퍼붓기 시작한다.

히브리어 본문을 보면 선원들은 현재의 위기가 요나 때문임을 잘 알고 있다. 이들은 즉시 요나에게 질문을 퍼붓는다. "네 생업이 무엇이냐?" "네가 어디서 왔느냐?" "네 나라가 어디냐?" "어느 민족에 속하였느냐?" 이 질문들은 신비로운 순서로 배열되어 있다. 당시 관습에 따라 요나는 마지막 질문에 가장 먼저 답한다. 1:9의 신앙 고백과 4:2의 신앙 고백은 문학적으로 핵심적인 지점이다. 다시 말해, 이 고백들은 이야기 전개에서 더없이 중요하므로 가볍게 넘겨서는 안 된다.

요나는 자신을 이브리(*'ibri*), 즉 히브리인(Hebrew)으로 정의한다. 민족적 정체성을 표현하는 다른 용어들이 있지만, 내레이터는 문맥에 딱 들어맞는 용어, 즉 이방인에게 답하는 상황에 맞는 용어를 선택한다. 요나는 이어서 하나님의 언약적 이름을 사용해 말을 이끈다. "[나는] 바다와 육지를 지으신 하늘의 하나님 여호와를 경외하는 자로라"(9절). 히브리어 원문에서 단어 순서는 "여호와"에 초점이 맞춰진다. 히브리어 원문을 문자 그대로 (다소 부자연스럽게) 번역하면 그는 이렇게 선언한다. "여호와, 하늘의 하나님을 나는 경외한다. 바다와 육지를 지으신 분." 이 신앙 고백에 대해서는 몇 가지 더 살펴볼 점이 있다.

첫째, 요나의 입에서 나온 신앙 고백은 메리즘(merism)이라는 문학 기법, 곧 반대되는 두 단어를 함께 사용하여 전체를 표현하는 기법을 담고 있다. 메리즘의 핵심은 의도된 개념을 파악하기 위해 두 단어를 개별적으로가 아니라 반드시 함께 연구해야 한다는 것이다. 대다수 언어가 이 문학 기법을 다양한 상황에서 다양한 방식으로 사용한다. 예를 들면, 어떤 사람이 "밤낮으로" 아팠다고 할 때, 이는 항상 아팠다는 의미다. 마찬가지로 "**바다와 육지를 지으신** 하늘의 하나님 **여호와**를 경외하는 자로라"고 할 때, 요나는 "존재하는 모든 것의 창조자"를 언급한 것이다.

둘째, 요나가 성경에 나오는 신앙 고백의 전형적 어순을 미묘하게 뒤집으면서 긴장이 고조된다. 특히 "바다"라는 단어가 일반적인 어순에서 벗어나 있다. 이것은 선원들 사이에 점점 커져 가는 극심한 두려움을 강조하는 효과는 낸다. 원래 독자들은 히브리어 문장 구조를 통해 선원들 사이에 고조되는 극한 두려움을 포착했을 것이다. 간단히 말해, 히브리어 저자가 어떤 표현의 동사적 힘을 강화하고 싶을 때 사용할 수 있는 한 가지 방법은 동사와 동일한 자음으로 구성된 명사를 그 동사의 목적어로 사용하는 것이다. NIV가 "This terrified them"(이것이 그들을 두렵게 했다)이라고 번역할 때(10절), 실제 히브리어 표현은 "The men feared a great fear"(**그 사람들이 큰 두려움을 두려워했다**)이다.

9절에서 요나가 하는 고백은 일련의 사건들을 촉발한다. 그러나 내러티브가 매우 함축적이고 간결하게 전개되기에 독자들은 이 사건들을 명확하게 알아차리지 못할 수도 있다. 요나는 신앙 고백을 한 후 (본문에서는 언급되지 않지만) 최근 자신의 삶에서 일어난 사건들을 좀 더 자세히 설명했을 것이다. 뒤이어 선원들은 요나가 "여호와의 얼굴을 피해" 달아나고 있음을 알게 되고, "네가 어찌하여 그렇게 행하였느냐?" 하고 외친다. 이 표현은 다른 문맥에서도 질책의 어조로 사용된다(창 20:9을 보라).

11절에서 선원들은 또 다른 질문을 요나에게 퍼붓는다. "우리가 너를 어떻게 하여야 바다가 우리를 위하여 잔잔하겠느냐?" 11, 12절 해석과 관련해 던져야 할 중요한 질문이 있다. "바다가 점점 흉용한지라"라는 진술은 선원들이 실제로 한 말인가? 아니면 내레이터의 설명인가? (이 문장을 인용문 밖에 놓은 NIV 번역과 달리) 이 문장은 선원들이 실제로 한 말일 것이다. 왜냐하면 요나가 12절에서 선원들의 말을 그대로 이어받아 사용하는 듯 보이기 때문이다. 또한 인용문 안에 있을 때 이 문장은 선원들이 얼마나 초조한 어조로 말했는지를 드러낸다.

어휘 선택("나를 들어")과 어순 모두 요나가 여기서 자신의 역할을 포기하지 않고 있음을 보여 준다. 오히려 그는 선원들에게 자신의 말대로 하면 폭풍이 가라앉고 바다가 잔잔해질 것이라고 말한다. 12절의 본문을 보면, 요나가 자신이 이 폭풍의 원인임을 이해하고 있다는 점에는 전혀 의심의 여지가 없다. 더 나아가 요나가 사용하는 법률 용어와 뉘앙스는 선원들이 요나의 말대로 하더라도 아무런 책임도 지지 않을 것임을 확신시켜 준다. 그렇지만 선원들이 요나의 말을 곧이곧대로 받아들이는가? 그렇지 않다.

선원들은 요나를 믿거나 신뢰하는 것처럼 보이지 않는다 (아니면 요나에게 관대하게 행동하고 있는 것일까?). 대신 이들은 맹렬한 폭풍 속에서 해변을 향해 노를 젓기 시작한다! 이는 현대 세계만큼이나 고대 세계에서도 위험한 행동이었다. 고대 세계의 해상 관행도 지금과 크게 다르지 않았을 것이다. 배는 바다에 떠 있을 때보다 항구에 정박해 있을 때 폭풍이나 허리케인의 위협을 더 받는다. 그러나 이 선원들은 모든 이성을 거스르고 뭍을 향한다. 이들은 방금 선지자에게서 하나님이 바다와 육지(*hayyabbashah*)를 다스리신다는 말을 들었다. 그러나 이제 이들은 바로 그 육지(여기서도 *hayyabbashah*)를 향해 노를 저어 가려 한다. 아마도 이때쯤이면 거센 파도가 그 육지를 때리고 있었을 것이다.

육지로 노를 저어 가는 데 실패한 선원들은 바다가 점점 더 거세지자 마침내 요나의 말을 따르기로 한다. 흥미롭게도 요나서의 문법은 인간의 노력의 헛됨과 하나님의 행동의 성공을 동시에 강조하는 것으로 보인다. 좀 더 구체적으로, 조나단 마고넷(Jonathan Magonet)은 요나서에서 인간이 수행하는 행동을 서술할 때 부정사(인칭과 수에 제약받지 않는 동사 형태)가 사용되면(예를 들면, 1:3, 1:5, 1:13, 4:2), 그 행동이 실패로 돌아간다는 점을 밝혔다.[2] 반대로 하나님이 수행하시는 행동에 부정사가 사용되면(예를 들면, 1:17, 4:6 두 번), 전능자의 시도는 무엇이든 성공한다(3:10b에 이 패턴의 유일한 예외가 나오는데, 마고넷은 이 예외에 대해서도 설명한다).

이제 우리는 1장의 절정인 14절에 이르게 된다. 여기서 처음으로 선원들은 히브리 하나님의 이름(*YHWH*)을 부른다. 이는 앞서 했던 행동과 극명한 대비를 이룬다. 선원들은 각자 자신의 신을 불렀었다(5절). 그런데 이제 내레이터는 히브리 관용구(*qara 'el-YHWH*, "여호와께 부르짖다")를 사용하는데, 이 표현은 이 시점까지 오직 요나에게만 적용되었다. 요나는 깊은 바다에서 기도할 때 이 표현을 다시 사용하게 된다(2:2).

선원들은 요나의 말을 듣고도 자신들이 모든 법적 책임에서 자유롭다고 아직 확신하지 못하는 것 같다(참조. 마 27:25). 이들은 법과 윤리에 이중으로 매여 있다. 만약 이들이 요나의 말을 곧이곧대로 받아들여 그대로 실행하다간 살인죄를 지을 수도 있는 상황이다. 그러나 요나의 말대로 하지 않으면 자신들을 곤경에 빠뜨린 바로 그 선지자가 명령한 것을 어길 뿐만 아니라, 그들 자신도 폭풍에 휩쓸려 바다에 빠져 죽을 게 뻔하다. 우리가 종종 그러하듯이 이들은 딜레마에 빠졌다. 이들은 절대적인 확신에 이르기에는 턱없이 부족한 정보 속에서 매우 중요한 윤리적 선택을 내려야 한다.[3]

이제 선원들은 히브리 하나님께 기도한다. 자신들이 죽지 않게 해 주시길 간청하고 무죄한 피에 대해 자신들에게 죄를 돌리지 말아 주시길 간구한다. 선원들의 기도는 특히 다른 성경 구절에서 이 구절이 어떻게 사용되는지 고려할 때 가장 큰 교훈을 준다. 선원들은 이렇게 외친다. "주 여호와께서는 주의 뜻대로 행하심이니이다." 토마스 볼린(Thomas Bolin)이 지적했듯이, 히브리어 성경에서 하나님이 자신의 뜻대로 행하신다고 말하는 경우는 세 번 더 있다. 이사야 46:10, 시편 115:3, 시편 135:6에서다.[4] 여기서 중요한 점은 요나서와의 사상적 공통점이다. 각각의 경우 두 가지 중요한 공통점이 있다. 하나는 우상 숭배가 헛되다는 것이고, 다른 하나는 하나님이 모든 피조물을 통치하신다는 것이다. 이사야 구절을 먼저 살펴보자.

너희가 나를 누구에게 비기며 누구와 짝하며
누구와 비교하여 서로 같다 하겠느냐?
사람들이 주머니에서 금을 쏟아 내며
은을 저울에 달아 도금장이에게 주고
그것으로 신을 만들게 하고 그것에게 엎드려 경배하며 …
그에게 부르짖어도 능히 응답하지 못하며
고난에서 구하여 내지도 못하느니라.
너희 패역한 자들아 이 일을 기억하고 장부가 되라.
이 일을 마음에 두라.
너희는 옛적 일을 기억하라.
나는 하나님이라 나 외에 다른 이가 없느니라.
나는 하나님이라 나 같은 이가 없느니라.

내가 시초부터 종말을 알리며

아직 이루지 아니한 일을 옛적부터 보이고

이르기를 나의 뜻이 설 것이니

내가 나의 모든 기뻐하는 것을 이루리라 하였노라. (사 46:5-10)

시편의 두 단락도 교훈적이다.

오직 우리 하나님은 하늘에 계셔서

원하시는 모든 것을 행하셨나이다.

그들의 우상들은 은과 금이요

사람이 손으로 만든 것이라. (시 115:3-4)

내가 알거니와 여호와께서는 위대하시며

우리 주는 모든 신들보다 위대하시도다.

여호와께서 그가 기뻐하시는 모든 일을

천지와 바다와 모든 깊은 데서 **다 행하셨도다** …

열국의 우상은 은금이요

사람의 손으로 만든 것이라. (시 135:5-6, 15)

볼린이 정확히 지적했듯이, 이 구절들과 요나서 사이에 주제와 구문이 유사하다는 데서 앞서 말한 핵심이 강조된다.

즉, 야웨 외에 다른 신을 섬기는 것은 헛되다는 것이다. 더욱이, 야웨의 능력은 창조세계 모든 구석에 미친다. 하늘과 땅에서 야웨는 자신이 기뻐하시는 모든 일을 행하신다.

나는 이 시점에서 본문이 선원들의 회심 이야기를 억지로 끌어낼 만한 근거를 제공한다고 생각하지 않는다. 칼뱅은 본문에서 선원들이 경험한 야웨에 대한 두려움에 한계가 있다고 설명하면서 사실상 같은 취지의 말을 한다. 그렇더라도 마치 역기능 가정의 어린아이들이 수년에 걸쳐 생존 전략을 배워 자신의 것으로 만들듯이, 또 참전 용사들이 전장에서 겪은 일을 평생 기억에 새기듯이, 이 선원들 역시 자신들이 원해서 들어온 곳이 아닌, 그러나 결코 쉽게 잊을 수 없는 '훈육의 학교'와도 같은 경험에 휘말린 것이다. 여기서 잭 새슨의 말은 길게 인용할 만하다.

> 그러나 배 안에서 벌어지는 싸움은 더 이상 요나와 그의 하나님만의 문제가 아니었다. 선원들은 배 안에서 벌어지는 사건들이 결코 제멋대로 행동하는 개인과 신의 복수에 대한 드라마가 아닐뿐더러 불가능한 상황에서 인간의 연민을 시험하는 이야기도 아니라는 점을 뼈저리게 깨닫고 있었다. 오히려 이 사건들은 하나님의 선지자가 자발적이든 아니든 나타날 때마다 배워야 할 교훈이 있음을 보여 주고 있었다. 이 교훈이란 이스라엘이 거듭 배워 왔

으나 역사 내내 되새겨야 하는 교훈이었다. 즉, 죽음을 주관하시는 하나님이 생명도 주실 수 있으며, 하나님의 뜻에 무조건적으로 복종하면 실제로 운명이 바뀔 수 있다는 것이다. 이렇듯 어려운 교훈은 압박이 심한 상황에서 배울 때 특히 더 오래 기억되는 경향이 있다.[5]

선원들이 회심한 것은 아닐지라도, 그들은 한 분이신 참 하나님의 선지자를 둘러싼 드라마에 휘말려 지울 수 없는 변화를 겪었다. 이들의 시각에서는 자신들이 섬기던 신들의 판테온에 또 하나의 신을 추가했을 뿐일지도 모른다. 그러나 이들이 배운 교훈은 쉽게 잊히지 않았을 것이다. 이런 사실은 우리가 세상 속에서 어떤 역할을 하고 어떤 영향을 미칠 수 있는지를 곰곰이 생각하게 한다.

배 밖으로 내던져진 선지자: 정말 죽기를 바랐는가, 영웅적 희생인가?

요나서 1장의 주요 쟁점 가운데 하나는 이것이다. 요나가 선원들에게 내린 지시는 고귀한 행동이었는가? 아니면 선원들의 안녕은 전혀 고려하지 않은 채 자신이 죽기를 바랐을 뿐이었는가? 성경 주석가들은 이 문제에 대해 의견이 분분하다. 좀 더 정확히 말하면, 그들은 가능한 모든 해석의 지형에 흩어져 있다. 이 문제와 관련해 어느 쪽으로 결론을 내릴지 판단하기 어려운 이유 중 하나는, 4장에서 요나가 죽기를 바라는 것처럼 보인다는 사실 때문이다. 사람들은 흔히 요나의 심리 상태가 여기 1장에서나 4장에서나 같다고 생각한다.

1장에서 제기할 수 있는 또 하나의 핵심 질문은 1장에서 요나가 외부인(이방인)에 대해 보이는 태도가 요나서 4장에서 보이는 태도와 유사한지 아니면 다른지를 판단하는 것이다. 간단히 말해, 1장에서 요나는 "이기적인 외국인 혐오자"인가?[6] 아니면 "회개하고 사명을 회복한 결과, 젖 뗀 아이처럼 평온하고 온유하며 의로움 속에서 차분히 강한 영혼의 소유자인가?"[7]

이 질문들을 다룰 때 우리는 먼저, 요나서 저자가 이 시점에서 요나의 마음속에서 무슨 일이 일어났는지를 분명하게 알 수 있는 단서를 주지 않았음을 인정해야 한다. 저자의 의도를 파악할 가능성을 부정하고 싶지는 않지만, 저자의 의도에 접근하는 유일한 길은 우리 앞에 기록된 내용뿐이다. 4장과는 달리, 이곳 1장에는 요나의 생각을 짐작하게 할 단서가 없다. 다음으로, 요나가 여기서 선원들에게 취하는 태도가 4장에서 니느웨 사람들에게 취하는 태도와 같다고 생각하는 것은 실제 본문이 말하는 내용을 넘어서는 해석이다. 저자는 이에 관해 우리에게 아무 말도 하지 않는다.

2장에서 요나가 깊은 곳에서 드리는 기도에 이르면, 요나의 생각과 관련해 불분명함이 해소되고 좀 더 명확해지기를 기대하게 된다. 저자가 그곳에서 요나의 사고 과정을 명확히 드러내 주길 바라는 것이다. 그런데 실제로는 2장에 이르더라도 1장에서 시작된 극적인 긴장이 계속 고조되기만 한다. 요나가 이방인들에게 취하는 태도와 관련해, 우리는 여전히 기다려야 한다. 즉각적인 답은 주어지지 않는다.

본문이 실제로 말하는 바를 넘어서는 해석을 하지 않으려면, 이 모든 것을 신중하게 염두에 두어야 한다. 예를 들어, 에드먼드 클라우니의 말을 깊이 생각해 보라. 그는 본문이 실제로 말하는 바 이상을 말하고 있는 듯하다.

> 요나는 자신이 희생되어도 괜찮다고 판단했다. 하나님은 그에게 니느웨가 사십 일 안에 멸망할 것이라고 경고하라고 명령하셨다. 그런데 요나가 스스로 사라져 버린다면, 니느웨 사람들은 경고를 듣지 못할 테고, 니느웨는 틀림없이 멸망할 것이다. 요나는 이스라엘을 보존할 수 있다면 자신은 죽어도 된다고 생각했다. 이는 그가 항해를 계획한 이유뿐 아니라 배를 뒤집어 놓을 폭풍 속에서도 평온히 잘 수 있었던 이유를 설명해 준다. 겁에 질린 선원들에게 자신의 정체가 탄로 났을 때, 요나는 훨씬 효과적으로 보이는 또 다른 계획을 제안했다. 자신을 배 밖으로 던지라는 것이었다. 폭풍은 야웨로부터 왔다. 요나는 하나님의 진노의 대상이었다. 요

나가 바다에 빠져 죽는다면, 선원들은 살아남고 니느웨는 어떤 경고도 듣지 못할 것이다.[8]

도대체 본문 어디에 요나가 이런 이유로 이 계획을 꾸몄다는 내용이 나오는가?

뱃짐처럼 바다에 던져지려는 요나의 바람, 곧 1:12에서 처음 언급된, 요나가 자신을 짐짝처럼 버리라고 한 그 바람에 대해 우리는 무엇이라고 말할 수 있을까? 요나가 니느웨에 가기를 원치 않았던 것은, 니느웨에 가는 것이 이스라엘에게 좋지 않은 결과를 가져올 것이라고 생각했기 때문이었던 것 같다. 요나가 자신의 사명을 수행하고 니느웨 사람들의 회개를 보게 되면 사랑하는 조국 이스라엘에게 심판이 임할 터였다. 클라우니는 이 선지자의 선택을 논의하면서 이렇게 말한다. "니느웨가 그의 죄악을 회개하면 어떻게 되는가? 하나님이 니느웨를 보존하실까? 니느웨가 보존된다면 이스라엘은 어떻게 안전할 수 있을까?"[9] 그러나 이러한 고민이 바로 지금 요나의 머릿속을 차지하고 있었는지는 알 수 없다. 그와 동시에, 우리는 몇 가지 다른 추정도 해 볼 수 있다.

요나가 선원들에게 명령할 때 사용하는 동사 "들다"(*nasa*)를 토대로, 잭 새슨은 배 밖으로 내던져지려는 요나의 바람이 어떻게 여러 층위에서 작동하는지 설명한다.[10] 첫째, **내러티브**

층위에서 이 단어 선택은 요나가 상황을 통제한다는 점을 뒷받침한다. 둘째, **심리적 층위**에서 우리는 선원들에 관해 뭔가를 말할 수 있는데, 본문 자체가 이와 관련해 우리에게 몇 가지 단서를 주기 때문이다. 선원들은 요나의 극단적인 명령에 멈칫한다. 이들은 실제로 요나를 들어 배 밖으로 던지라는 명령을 받는다! 이 시점에서 요나의 심리적 동기에 대해서는 본문에 근거해 말할 수는 없지만, 선원들의 심리적 망설임에 대해서는 말할 수 있다. 셋째, **의미론적 층위**에서 요나가 사용한 이 동사가 보통은 죄를 제거(용서)하는 의미로 자주 쓰였다는 점은 흥미롭다. 이 단어가 요나서처럼 쓰이는 경우는 드물다. 이 점 역시 시사하는 바가 있을 수 있다.

다시 처음의 질문으로 돌아가 보자. 요나의 명령은 영웅적인 행동이었는가? 아니면 죽고 싶은 요나의 바람이었는가? 이 질문의 구조 자체가 어느 쪽도 아닌 중간의 해석을 배제한다. 다시 말해, 요나가 12절에서 선원들에게 한 말은 "자신의 사명을 회피하려는 최종적인 해결책도 아니고 … 타인들을 대신해 희생하겠다는 고결한 시도도 아니었다"[11]는 것이다. 그러나 적어도 선원들의 시각에서 본다면, 본문은 요나의 명령이 "자기희생적 관대함의 행위"[12]로 여겨질 가능성을 열어 둔다고 말할 수 있다. 칼뱅은 한 걸음 더 나아가 이것을 속죄(expiation) 행위라고까지 부른다. 따라서 이것은 죽음을 바라는 소망이면서 동시에 선원들의 생명을 구하는 데 성공한 행동이었다는 점에서, 요나의 사고 과정 중심에 고귀한 동기가 있었는지, 아니면 뒤틀린 계획이 있었는지는 알 수 없지만, 결과적으로는 영웅적 행동이라고도 말할 수 있겠다.

지금까지 요나의 경험을 둘러싼 상황을 살펴보았으니, 이제 이 에피소드가 더 넓은 정경적 맥락에서 어떤 위치를 차지하는지를 물을 수 있겠다. 자크 엘륄의 사려 깊은 저서(『요나의 심판과 구원』, 대장간)의 일부 내용에는 동의하지 않지만, 이 본문이 그리스도를 예표한다고 본 것은 옳았다고 본다. 독자를 위해 엘륄의 글을 인용해 보겠다.

> [1장]의 이 시점에서 요나는 희생양 역할을 자처한다. 요나의 희생은 [선원들을] 구원한다. 바다가 잔잔해진다. 요나는 이들을 인간적으로 그리고 물질적으로 구원한다. 이들이 요나의 잘못 때문에 바다에 빠져 죽는 일은 없을 것이다. … 중요한 것은 이 이야기가 실제로 훨씬 더 거대한 이야기, 그리고 우리와 직접 관련된 이야기를 정확히 암시한다는 것이다. 요나가 하지 못했지만 그의 태도가 예고한 바를 예수 그리스도께서 이루신다. 그분은 전적인 정죄를 받아들이신다. … 요나의 희생이 효력을 갖고 구원을 이루는 것은 순전히 예수 그리스도의 희생 때문이다. 요나의 수용이 선원들과 우리에게 의미가 있는 것은 순전히 예수 그리스도께서 저주를 받

아들이셨기 때문이다.[13]

엘륄의 글을 더 길게 인용하려면 더 많은 주석이 필요할 것이다(왜냐하면 그는 요나가 선원들을 영적으로도 "구원했다"고 보기 때문이다). 그러나 일반적인 차원에서는 엘륄의 주장은 옳다.

독자들은 요나와 그리스도 사이에 반드시 기억해야 할 많은 차이점이 있음을 유념해야 한다(78쪽을 보라). 신약성경은 분명하게 단언한다. "미쁘다 모든 사람이 받을 만한 이 말이여 그리스도 예수께서 죄인을 구원하시려고 세상에 임하셨다 하였도다 죄인 중에 내가 괴수니라. … 하나님은 한 분이시요 또 하나님과 사람 사이에 중보자도 한 분이시니 곧 사람이신 그리스도 예수라 그가 모든 사람을 위하여 자기를 대속물로 주셨으니 기약이 이르러 주신 증거니라"(딤전 1:15, 2:5-6). 인자이신 예수 그리스도께서 많은 사람을 위하여 자신의 생명을 대속물로 주셨다. 요나는 선원들의 죄를 위해 자신의 생명을 줄 수 없었다. 오직 죄 없으신 예수 그리스도만이 영원한 의미에서 이 역할을 성취하실 수 있었다. 여기서 그리스도와 요나의 차이가 더없이 분명하게 드러난다. 그리스도의 희생은 상대적으로 빈약하고 불투명한 요나의 속죄 행위보다 훨씬 더 분명하고 위대하다.

선원들은 하나님의 사람의 말에 따라 행동했고, 그 결과 하나님의 사람이 말한 대로 정확히 이루어졌다. 바다가 그 격노를 멈추었고, 이는 현대 독자들이 거의 알아차리지 못하는 독특한 의인화 표현이다. 그래서 선원들은 단순히 두려워했을 뿐 아니라(5절) 심히 두려워했고(10절) 야웨를 크게 두려워했다. 여기서 다시 한 번 히브리 하나님의 이름이 언급된다(16절). 이 본문에 저자는 점점 커지는 두려움을 섬세하게 표현했다. 그러나 선원들은 살아남을 것이고, (이들은 알지 못했지만) 요나 역시 그러할 것이다.

더 깊이 생각해보기

❶ 이번 장에서 다룬 두 가지 문학적 기법은 무엇인가? 각 기법의 의미를 설명해 보라.

❷ 이야기의 구조와 의미는 어떤 관계가 있을까?

❸ 다시스로 향하는 배 안의 분위기는 어떠했는가?

❹ 제비뽑기는 요나서 1장 내러티브에서 어떤 역할을 했는가?

❺ 요나서 1장에서 선원들의 태도에 변화가 있는가? 있다면 어떻게 변했는가?

❻ 요나는 어떤 동기에서 선원들에게 자신을 배 밖으로 내던지라고 했는가?

5장 물고기 뱃속으로

요나 1:17

구약에서 가장 숭고한 진리의 계시 중 하나를 담고 있는 이 책이 대부분의 사람들에게는 고래 이야기로만 알려져 있다는 것이 요나서의 비극이다.

-G. A. 스미스, 로즈마리 닉슨의 책에서 재인용[1]

또한, 폭풍이 오기 전에 나타나 폭풍을 예고하는 깊은 정적이 실제로 폭풍 자체보다 무서운 법이다.

이러한 정적은 폭풍을 감싸는 봉투와 같다.

겉으로는 별로 해로워 보이지 않는 총이

그 안에 치명적인 화약과 탄환과 폭발력을 담고 있듯이,

그 속에 무서운 폭풍을 담고 있기 때문이다.

마찬가지로 포경 밧줄도 실제로 풀려 나가기 전에

노잡이 주위에 조용히 구부러져 있을 때,
그 우아한 평안이 이 위험한 물건의 다른 어떤 모습보다
진정한 공포를 자아낸다.
하지만 더 말해 뭐하겠는가?
모든 인간은 포경 밧줄에 매인 채 살아간다.
모든 인간은 목에 밧줄을 두른 채 태어난다.
그러나 고요하고 은밀하며
늘 우리 곁에 있던 삶의 위험을 깨닫게 되는 것은
언제나 갑자기 방향을 튼 죽음과 마주할 때다.
-허먼 멜빌, 『모비 딕』

여호와께서 이미 큰 물고기를 예비하사
요나를 삼키게 하셨으므로
요나가 밤낮 삼 일을 물고기 뱃속에 있으니라.
-요나서 1:17

요나가 예언한 대로 선원들이 그를 들어 배 밖으로 내던지자 바다가 잔잔해졌다(1:12, 15). 선원들이 갑판에서 안도의 한숨을 내쉬는 동안, 요나는 물속에서 생사의 갈림길에 놓여 있었다.

그러나 하나님은 요나를 잊지 않으셨다.

요나서를 계속 살펴보기 전에, 성경의 장 구분에 대해 간단히 짚고 넘어가는 것이 중요하다. 독자는 성경의 장과 절 번호가 원래 성경 본문에 있었던 것이 아님을 기억해야 한다. 이러한 구분은 중세 시대에 성경의 이해를 돕기 위해 추가되었다. 요나서의 장 구분의 경우, 히브리어 본문을 읽느냐 한국어 본문을 읽느냐에 따라 차이가 있다. 표준 히브리어 본문에서는 큰 물고기가 요나를 삼키는 구절이 2:1에 위치한다. 반면, 개역개정을 비롯한 대다수 개신교 성경에서는 이 구절이 1장 끝에(17절에) 배치되어 있다.

이 점은 매우 중요하다. 문제의 구절이 2장 첫머리에 나온다면, 이야기가 새롭게 전개되는 것처럼 들리게 되고, 따라서 요나가 깊은 곳에서 읊는 시를 도입하는 효과를 낸다. 다시 말해, 이 둘은 자연스럽게 연결되어 하나의 내러티브 흐름을 형성한다. 2장의 시는 큰 물고기가 요나를 삼켰다고 말하는 구절과 한데 묶인다.

그러나 (개역개정의 경우처럼) 이 구절이 1:17에 유지될 경우 효과는 달라진다. 이 구절은 배 위에서 일어난 사건들을 상기시킨다. 요나는 배 밖으로 내던져지고, 바다는 잔잔해지며, 선원들은 한 분 참 하나님께 경배한다. 그러는 사이 요나는 거대한 물고기 뱃속으로 사라진다. 그 물고기가 나타날 때까지 얼마나 걸렸을까? 본문은 이에 관해 아무 말도 하지 않는다. 고대 역본들을 보면, 번역자들이 이 문제와 다양한 방식으로 씨름했으며, 서로 다른 해석을 덧붙였음을 알 수 있다.

이제 우리는 성경에서 아마도 가장 유명한 장면 중 하나, 즉 물고기 뱃속의 요나 이야기에 다다르고 있다. 그러나 그 장엄한 시를 다루기에 앞서, 요나가 물고기 뱃속에 있는 장면을 논의하기 위한 기초 작업으로 몇 가지 문제를 짚고 넘어갈 필요가 있다.

요나서 이 부분에서 여러 난해한 문제가 제기된다. 왜 2장은 산문이 아니고 시로 되어 있을까? 이 시는 원래 있던 산문에 나중에 덧붙여진 것일까? 우리가 예상하듯 죄를 고백하고 용서를 구하는 게 아니라, 왜 물고기 뱃속에서 감사 기도를 드린 걸까? 이 본문에서 물고기의 역할은 무엇인가? 물고기 뱃속에 있는 요나는 누구를 대표하는가? 이스라엘인가? 포로 생활을 하는 이스라엘인가? 아니면 모든 사람인가? 어떤 의미에서 그러한가? 훨씬 중요한 질문은, 우리 주 그리스도께서 자신을 요나와 비교하신 그 의미가 정확히 무엇인가 하는 것이다. 이 질문들을 다루기에 앞서, 먼저 큰 물고기의 정확한 역할을 살펴보아야 한다.

큰 물고기의 역할

이 단락에서 물고기가 어떤 역할을 하느냐는 이 단락뿐 아니라 요나서 전체를 이해하는 데 매우 중요하다. 요나의 시와는 무관하게, 하나님이 요나를 구조하기 위해 이 큰 물고기를 미리 예비하신 걸까? 아니면 요나의 기도에 대한 응답으로 보내신 걸까? 이 큰 물고기는 구원의 수단이었을까? 아니면 징계의 도구였을까? 이러한 질문 때문에 요나서의 이 중요한 본문에 대한 해석이 갈리게 되었다.

사실, 이 물고기의 정확한 역할을 규명하는 것은 요나의 시를 이해하는 데 필수적이다. 몇몇 주석가들이 지적했듯이, 1:17에서 하나님이 물고기를 예비하신 일과 2:10에서 물고기에게 명령하신 일은 하나님이 상황을 주권적으로 다스리고 계심을 강조하는 일종의 틀 역할을 한다.[2]

간단히 말해, 요나서 저자는 하나님이 요나를 구하려고 물고기를 보내셨다고 본다. 물고기는 요나를 징계하는 수단이 아니라 요나의 익사를 막는 수단이다. 요나는 완고하게 저항했는데도 구원받으며, 그 과정에서 하나님의 긍휼과 자비를 경험한다. 그러므로 "구원은 여호와께 속하였나이다"라는 절정의 외침은(2:9) 이 시에 딱 맞는 결론이다. 이러한 해석은 '삼키다'를 묘사하는 데 사용된 히브리어 동사가 여기에서는 부정적인 뉘앙스를 가지지 않는다는 사실로도 뒷받침된다(참조. 사 28:4, 민 16:31-34, 잠 1:12). 이 본문에서 물고기가 요나를 삼킨 것은 구원의 수단이며, 어쩌면 그 안에 아이러니가 내포되어 있을지 모른다.

하나님이 요나를 구하려고 물고기를 지명하신다. 그러나 하나님이 물고기를 지명하신 데는 교훈적 이유도 있다. 사실, 요나는 배워야 할 교훈이 있다. 이것은 전체 문맥뿐 아니라 17절(히브리어 본문에서는 2:1)에 나오는 첫 동사를 자세히 살펴보면 알 수 있다. 이 동사 '민나'[*minnah*(피엘형): 히브리어 동사는 여섯 형태가 있으며 그 가운데 피엘형은 '강조 능동형'이다—옮긴이]는 요나서에서 여러 번 등장하는데(1:17; 4:6, 7, 8) 잭 새슨의 분석에 따르면, 요나서에서 이 단어가 사용될 때마다 세 가지 특징적인 일이 일어난다. 첫째, 하나님의 다른 이름이 사용된다. 둘째, 동사에 뒤따르는 통제 대상이 다른 자연계의 범주에 속한다. 셋째, 언어유희가 동반된다.

요나서 안팎에서 이 동사를 비롯해 이 동사와 관련된 단어들이 내포하는 뉘앙스를 살펴본 후, 새슨은 중요한 점을 지적한다. '"민나'[*minnâ*(피엘형), "임명하다"]는 일반적으로 그것이 성취되기 위해 매개체가 필요한 행위다."[3] 새슨은 이 통찰을 본문에 적용하면서 하나님이 "요나에게 가르치고자 하시는 교훈을 전달하기 위해 가장 적절한 상황을" 조성하려 하셨다고 결론 내린다.[4] 하나님이 물고기 뱃속이라는 임시 거처를 마련하심으로써, 요나가 자신과 하나님에 대해 무엇인가를 배울 적절한 상황을 제공하신 것이다. 이 교훈이 요나에게 의도된 효과를 냈는지는 또 다른 문제이며, 이 부분은 이야기가 전개되면서 분명해질 것이다.

모형론에 관한 교훈

지금은 성경에서 자주 나타나는 중요한 해석 방식을 살펴볼 좋은 시점이다. 성경에서 몇몇 인물들이 그리스도의 모형으로 사용될 때가 있다(예를 들면, 다윗, 요나, 솔로몬, 엘리야). 또 사건이나 경험, 제도가 모형으로 사용되어 그리스도 안에서 성취될 때도 있다. 예를 들어, 신약성경은 이스라엘을 교회의 모형으로 이해한다(갈 6:16, 약 1:1, 계 21:12-14).

최근 모형론적 해석이 다소 주춤한 경향이 있지만, 학자들은 대체로 다음과 같은 정의에 동의한다. "구약에 대한 모형론적 해석은 '구약 전체가 그 자체를 넘어서는 해석을 전제한다'는 가정에 기초한다. 역사적으로 이것은 구약 전반에서 오실 그리스도에 대한 모형과 예언을 찾았으며, 그리스도의 삶이 이미 잘 알려진 이후에는 그런 모형들이 쉽게 발견되었음을 의미한다."[5] 예를 들면, 이스라엘 왕 다윗은 구약 시대에 왕이 수행했던 직무를 궁극적으로 성취하실 그리스도의 그림자 같은 모형이었다.

모형론은 유서 깊은 성경 해석 방법론으로, 장 칼뱅, 마르틴 루터, 게르할더스 보스(Geerhardus Vos) 등 수많은 저명한 학자들에 의해 사용되었다. 모형론적 해석의 배후에 자리한 근본 원리는 하나님이 일관된 방식으로 행동하신다는 것이다. 모형론적 해석은 구약성경의 사건, 인물, 제도(즉, 모형)가 자신을 넘어선 원형(모형이 가리키는 대상)에서 궁극적인 성취와 해석을 찾았음을 보여 준다. 바꾸어 말하면, 구약성경의 모형들은 앞으로 올 것(원형)을 예표했다. 예를 들면, 아담은 구약성경에 묘사된 한 모형으로서 때가 차매 오신 원형이신 그리스도(마지막 아담)를 예표했다.

일부 구약 학자들은 "전형적 사건[곧 모형론적 사건]"이 이스라엘의 근본적이고 기본적인 관심사, 즉 그들이 삶을 이해하는 방식에까지 깊이 관여된 주요 관심사였다고 주장한다.[6] 더욱이 우리 주님 자신도 구약성경을 모형론적으로 이해하셨다. 예를 들어, 주님은 요나를 자신의 모형으로 이해하셨다. 더 나아가 최근의 언어철학 연구들이 확인해 주듯이, 모형론은 성경 문학을 이해하는 적절한 방법이다. 그러므로 이러한 해석 방식의 의미를 이해하고 이것을 요나서에 어떻게 적용할지 논의하려면, 용어를 정확히 정의하고 방법론을 명확히 해야 한다.

모형론은 성경 연구에서 다양한 방식으로 활용된다. 어떤 이들은 모형론을 문학적 의미로만 사용한다. 예를 들면, 족장 내러티브에서 야곱이 겪는 엄청난 인격적 변화는 이후 선지자들이 포로 된 히브리인들을 격려하기 위해 활용하는 상징이 된다. 하나님이 그들을 위협하는 적들을 물리치실 수 있음을 보여 주기 위해서다. 비슷한 방식으로 어떤 학자들은, 모형론적 해석이 후대 이스라엘 백성이 자신들의 과거를 재해석하는 방식이라고 본다. 그들이 과거의 패러다임과 상징을 새로운 방식으로 사용해 현재의 사건들에 정당성을 부여하거나 그 의미를 찾도록 했다는 것이다. 또 어떤 사람들은 모형론적 해석이 과거의 역사적 사건들에 뿌리를 두고 있다고 본다. 그 사건들은 진리가 더 깊이, 혹은 더 충만히 표현되도록 하나님이 주권적으로 계획하신 것이며, 그 진리는 이제 그리스도의 오심으로 실현되었다고 이해한다.

예수 그리스도께서 자신을 요나에 비유하셨다는 사실은 부정할 수 없다(마 12:39-40). 그러나 이 비유의 정확한 성격이 무엇이며, 우리가 이 본문뿐 아니라 다른 구약 본문을 읽는 방식에 이 비유가 어떤 영향을 미치는지에 대해서는 명확히 할 필요가 있다.

어떤 사람들은 모형과 원형 사이에 언제나 일종의 고양(높아짐, heightening)이 있어야 한다고 말한다(예를 들면, 예수님은 다윗보다 큰 왕이다). 또 어떤 사람들은 이러한 '상승'이 구약성경과 신약성경의 관계에서 자연스럽게 흐르는 발전의 결과라고 본다. 전부는 아니더라도 대부분의 학자들은 종교개혁자들과 그 후예들이 발전시킨 모형론적 해석이 알레고리적 해석과는 다르다는 데 동의한다[제임스 바(James Barr)와 같은 일부 학자들은 예외적으로 이에 동의하지 않는다].[7]

또 어떤 사람들은 모형론을 알레고리와 유사하게 사용해서 둘을 구분하는 것이 거의 불가능할 정도다. 그러나 그렇게 해서는 안 된다. 알레고리적 해석에서는 글자 그대로의 의미(문자주의적 해석과 혼동해서는 안 됨)가 무시되고 역사성은 뒷전으로 밀려난다. 이야기의 개별적인 부분이 알레고리 렌즈를 통해 해석된다. 예를 들면, 반항하는 요나의 도피는 주변 민족을 향한 선교의 목적을 완수하는 데 실패한 이스라엘 전체를 상징하게 된다. 또한, 물고기의 역할을 과도하게 해석하는 바람에, 많은 저자들이 성경의 이 부분을 불필요하게 알레고리적으로 해석하고 말았다.

실제로, 성경에는 알레고리가 존재한다(예를 들면, 갈 4장). 그러나 나는 현재 알레고리적 본문이 아니라 알레고리적 해석 방법을 논하고 있다. 알레고리적 해석은 본문에 없는 더 깊고 심오한 의미를 찾으려 한다. 케빈 반후저(Kevin Vanhoozer)는 이 차이를 잘 요약한다. "비유적 또는 모형론적 해석과 알레고리적 해석의 중요한 차이는 이렇다. 모형론적 해석은 역사 속에서 기대와 성취로 연결되는 두 항목을 다룬다. 반면에 알레고리적 해석은 문자적인 의미와 영적인 의미를 연결하기는 하지만 그 사이에 이런 역사적인 '기대와 성취'의 관계가 존재하지 않는다."[8]

요나서 1:17은 일부 사람들이 요나서를 알레고리적으로 어떻게 해석하는지 보여 주는 좋은 예다. 요나서 1:17에서 요나는 삼켜진다. 시의 말미에서(2:10) 요나는 토해진다. 이 두 절은 요나의 시와 그가 큰 물고기 뱃속에서 겪은 일을 둘러싸는 틀을 형성한다. 주석가들이 지적했듯이, 삼켜짐과 토해짐의 언어는 구약성경의 다른 부분들, 특히 레위기 18:24-28과 예레미야 51:34에도 나온다. 레위기 18장에서 이스라엘 백성은 하나님의 율법을 어기고 그 땅을 더럽히면 그 땅이 그들을 토해 낼 것이라는 경고를 받는다. 예레미야 51:34에서 선지자는 이스라엘이 바벨론의 통치자 느부갓네살에게 삼켜져 포로 생활을 하게 되었다며 탄식한다.

바벨론의 느부갓네살 왕이 나를 먹으며
나를 멸하며
나를 빈 그릇이 되게 하며
큰 뱀[탄닌, *tannin*] 같이 나를 삼키며
나의 좋은 음식으로 그 배를 채우고
나를 쫓아내었으니.

얼핏 보기에 이 놀라운 일치점은 지나치기에 너무 매력적으로 보일 수 있다. 특히 2장에서 말했듯이 요나가 어떤 의미에서 이스라엘을 대표한다고 본다면 더욱 그렇다. 실제로 많은 사람이 이 점을 지나치지 않고 예레미야 51:34을 알레고리적 해석을 지지하는 구절로 사용했다. 실제로, 1800년대에 한 저자는 요나서 본문을 알레고리적으로 해석해 물고기는 바벨론이고 요나는 이스라엘이며 4장의 초막은 포로기 이후 예루살렘의 회복이라고 단언했다.[9] 뒤이어 많은 저자가 이를 따르면서 요나의 수중 모험이 포로 생활을 하는 이스라엘을 보여준다고 단언했다.

하지만 얼핏 보기에 일부 이미지가 유사하더라도 해석자는 알레고리적 해석을 하기 전에 본문을 좀 더 세심하게 읽어야 한다. 내 생각에 그러한 해석은 부자연스러운 데다 본문을 제대로 이해하지 못한 것이다. 첫째, 개념적인 차원에서 주목할 점은, 요나서에서 물고기의 역할이 요나를 벌하는 것이 아니라 그를 마른 땅에 안전하게 데려다주는 것이라는 점이다. 바꾸어 말하면, 요나서에서 물고기의 역할은 1:17을 알레고리적으로 해석해야 한다고 주장하는 사람들이 인용한 구절들에서의 역할과 정반대다.

둘째, 요나서에서 물고기를 묘사하는 데 사용된 단어(*dag*)는 느부갓네살을 묘사하는 데 사용된 단어(*tannin*, "뱀")와 다르다. 어떤 사람들은 내가 암시나 인용을 너무 엄격하게 제한하는, 일종의 '감시자'처럼 굴고 있다고 반발할지도 모른다. 이를테면, 암시는 단어가 정확히 인용될 때만 인정되고, 이미지가 비슷한 것만으로는 성립하지 않는다고 주장하는 것처럼 보일 수 있다. 성경 저자들의 성경 내적 해석과 암시는 흔하고 복잡해 여기서 논하기에는 지면이 부족하다. 그러나 앞서 언급한 이유들 때문에, 요나서 1:17(과 이어지는 요나서 2장)은 포로기의 이스라엘에 관한 묘사로 해석해서는 안 될 것이다. 그러나 요나서에 대한 이해와 성경 내적 해석을 위해 신약성경으로 눈을 돌린다면, 이 구절에 대한 우리 주님의 해석에서 견고한 근거를 찾을 수 있다.

요나의 표적: 신약에 비추어 본 구약의 모형론

요나는 구약성경에서 예수님의 모형으로 기능하는 가장 중요한 인물 가운데 하나일 것이다. 물론 이는 마태복음 12:40이 진본이라고 전제하며, 이것이 본서가 취하는 입장이다.[10] 복음서에는 우리 주님이 요나를 언급하시는 많은 구절들이 적지 않다(마 12:38-42, 16:4; 눅 11:29-30, 32). 그러나 마태복음 12장의 구절이 가장 도움이 된다.

> 그 때에 서기관과 바리새인 중 몇 사람이 말하되 선생님이여 우리

에게 표적 보여주시기를 원하나이다.

예수께서 대답하여 이르시되 악하고 음란한 세대가 표적을 구하나 선지자 요나의 표적 밖에는 보일 표적이 없느니라. 요나가 밤낮 사흘 동안 큰 물고기 뱃속에 있었던 것 같이 인자도 밤낮 사흘 동안 땅 속에 있으리라. 심판 때에 니느웨 사람들이 일어나 이 세대 사람을 정죄하리니 이는 그들이 요나의 전도를 듣고 회개하였음이거니와 요나보다 더 큰 이가 여기 있으며 심판 때에 남방 여왕이 일어나 이 세대 사람을 정죄하리니 이는 그가 솔로몬의 지혜로운 말을 들으려고 땅 끝에서 왔음이거니와 솔로몬보다 더 큰 이가 여기 있느니라. (마 12:38-42)

이 단락에서 예수님은 요나가 자신의 모형이라고 하신다. 분명히, 요나와 예수님 사이에 어떤 일치가 이루어지고 있다. 하지만 어떤 의미에서 일치가 이루어지고 있는가?[11]

예수님이 두 가지 면에서 자신을 요나와 비교하신다는 데 주목하라. 요나가 물고기 뱃속에 장사되었듯이(40a절) 예수님은 땅속에 장사되실 것이며(40b절), 요나가 니느웨를 향해 회개를 선포한 것처럼 요나보다 크신 분, 곧 예수 그리스도도 회개를 선포하기 위해 오셨다. 요나와 그의 설교가 니느웨 사람들에게 표적이 되었듯이, 예수님과 그분의 설교도 현 세대에게 표적이 된다.

마찬가지로, 요나가 물고기를 통해 기적적으로 구조됨으로써 그의 설교가 확증되었듯이, 예수님도 기적적으로 구조되심으로써(이 경우, 부활) 그분의 설교와 사명 또한 확증될 것이다. 이 시점에서 우리 주님의 설교는 강력하게 적용된다. 현 세대(이 경우 설교를 듣고 있는 바리새인과 율법교사)는 니느웨 사람들처럼 회개해야 한다. 요나보다 크신 분이 이들에게 말씀하고 계시기 때문이다! 예수님은 요나보다 크신 선지자다. 요나와 그의 사명이 예표했던 모든 것의 성취가 이제 더 높은 차원에서 실현되고 있기 때문이다.

이제 마태는 12:42에서 솔로몬과의 비교로 넘어간다. 여기에는 지혜에 대한 호소가 그 배경에 깔려 있다. 비록 이 비교는 이제 요나를 넘어서지만, 모형론적 해석(미리 보여 줌과 성취)은 다시 한 번 우리의 목적에 유익한 가르침을 준다. 이방인들(이 경우 남방 여왕)이 솔로몬의 지혜에 반응했다면, 솔로몬보다 더 크신 분이 여기에 계시니 예수님의 말씀을 듣는 자들은 얼마나 더 크게 반응해야 하겠는가!

예수님은 선지자와 왕이라는 두 직분을 뛰어넘으셨다. 예수님은 이 직분들을 요나나 솔로몬이 결코 이룰 수 없었던 더 위대한 방식으로 성취하셨다. 현 세대는 여기에 주목해야 한다. 그렇지 않으면 모형을 보고 들었을 뿐 원형은 보지도 듣지도 못한 이방인들(니느웨 사람들과 남방 여왕)보다도 못하다는 이유로 정죄될 수 있기 때문이다!

마태복음 12장 전체를 깊이 살펴보면, 성취라는 주제가 훨씬 두드러진다. 12:3-6에서는 예수님과 다윗의 관계가 확립된다. 6절은 "'더 큰 이가 여기 있느니라'는 기본 전제를 분명히 한다."[12] 12장 전체에서 바리새인들을 향한 예수님의 권위가 구약의 성취에 근거하여 확립되고 있음을 깨닫게 될 때, 특히 주목할 만한 것은 예수님의 권위를 세우기 위해 선택된 구약의 인물들이다. R. T. 프랜스는 다음과 같이 논평한다.

> 구약에서 선택된 '모형들'은 이전에 하나님이 그의 백성 가운데 권위를 행사하시던 주요 통로들을 놀랍도록 잘 보여 준다. 이 통로들은 가장 위대한 왕(이자 메시아적 기대의 모형) 다윗, 성전과 제사장직, 대표적인 선지자 요나, 그리고 지혜로운 사람(이자 다윗의 아들인 왕) 솔로몬이다. 예수님 안에서 이 모든 권위의 계보가 하나로 결집되어 당대에 구현되었다고 주장하는 것만으로도 충분히 대담한 일이었을 것이다. 그러나 예수님은 그들 모두보다 "더 크시고 더 뛰어나신" 분이다."[13]

프랜스는 구약을 성취하시는 그리스도를 논하면서 구약의 모형론 연구를 아주 깔끔하게 요약한다.

> 구약의 하나님의 백성이 갖는 이 모든 면모 속에서, 예수님은 자신과 자신의 사역에 관한 예표를 보신다. 그 결과 대다수 유대인은 그분을 반대하고 거부했으나 참 이스라엘은 이제 새로운 기독교 공동체로 나타날 것이다. 따라서 그리스도의 오심으로 이스라엘 역사는 결정적인 전환점을 맞이하게 된 것이다. 구약성경 전체가 그분 안에 집약된다. 그분은 자신의 인격 속에서 이스라엘의 지위와 운명을 몸소 구현하며, 이러한 지위와 운명이 더는 그 민족 안에서 성취되는 게 아니라 그분의 공동체 안에서 완전히 성취될 것이다.[14]

비록 구약성경에서 하나님은 다양한 목소리와 서로 다르고 독특한 종류의 문학을 통해 말씀하셨지만, 성경은 놀라운 일치와 연속성을 보여 준다. 모형론적 해석 방법을 신중하게 사용할 때 성경의 무질서와 혼란이 드러나는 게 아니라, 그리스도의 인격과 사역에서 절정에 이르는 성경의 연속성과 성취가 뚜렷이 드러난다. 모형론적 방법을 책임 있게 사용하는 설교자들은 자신에게 맡겨진 성도들을 위해 큰 봉사를 하는 것이다.

'침묵'의 노래

요나서에서 시가 시작되는 부분에 이를 때 이야기는 속도가 느려지다 거의 멈추는 듯하다. 요나가 바다에 던져지기 무섭게 물고기가 그를 삼켰을까? 아니면 한동안 물속에서 허우적댔을까? 고대 번역본마다 이 문제를 각기 다르게 다루었다. 그러나 히브리어 본문이 어느 쪽이라고 말하지 않을 뿐더러 어느 쪽인지가 의미에 중요하지도 않다. 히브리어 본문에는 "여호와께서 이미 큰 물고기를 예비하사 요나를 삼키게 하셨으므로 …"라는 구절 중간에 강력한 휴지 악센트(*atnach*)가 나온다. 읽는 속도를 늦추라는 신호였을 것이다. 이것 외에 본문은 더 이상 아무것도 말해 주지 않는다. 이러한 의도적 멈춤은 저자가 앞으로 전개할 요점의 핵심을 뒷받침한다.

새슨의 능숙한 펜만큼 이 분위기를 더 잘 포착한 것은 없을 것이다. "이 장에서 요나가 바다에 던져지자마자 뒤이은 사건들이 이상하게도 느릿느릿해지며, 사람이 물고기 뱃속에 들어갔다는 신기함만이 독자의 시선을 사로잡고 호기심을 자극하는 듯하다. 이야기는 완전히 멈춰 서서 요나가 그의 하나님과 단둘이 있게 한다."[15] 침묵 속에서 우리 역시 물 아래로 끌려 내려가 뒤이어 무슨 일이 일어날지 모른 채 숨을 멈추고 있는 느낌이다. 앞서 나는 요나가 '모든 사람'을 대표한다는 입장에 반대했지만, 2장에서 저자는 물에 빠져 죽어가는 사람의 감정과 절규를 생생하게 묘사함으로써 우리를 공감적 요나서 읽기로 끌어들인다. 죽음이 코앞에 닥친 상황에서 요나는 살아 계신 하나님을 깊이 만난다.

문득 이런 질문이 떠오른다. 우리가 곧 죽어 영원에 들어갈 것을 알면 마지막으로 어떤 생각이 떠오를까? 우리는 요나서를 읽으며 도전을 받아야 한다. 솔직히 말해, 우리는 눈코 뜰 새 없이 바쁘게 산다. 흔히 우리의 은밀한 반항으로 특징되는 이러한 삶의 속도는 우리가 영혼의 고요함을 위한 시간, 진정으로 우리가 누구이며 무엇을 했고 하지 않았는지를 돌아볼 고독한 시간을 갖지 못하게 한다. 어느 주석가가 노련하게 말했듯이, "이 책이 끊임없이 사랑받는 비결이 여기 있다. 독자들이 설득력 있는 이야기에서 자신의 한 면모를 보기 때문이다. 이 책을 어떻게 이해하느냐는 부분적으로는 자기 이해에 달렸고 부분적으로는 우리가 섬기는 하나님의 포괄적인 사랑에 대한 이해에 달렸다."[16]

요나서 2장은 우리를 계속 따라다니며 괴롭히고 우리의 무감각을 뒤흔들어 깨워야 한다. 왜냐하면 우리는 종종 요나와 너무 닮아 있기 때문이다. 동시에 이 장은 우리에게 격려가 되어야 한다. 요나가 하나님의 자비를 경험하고 감사함으로 "구원은 여호와께 속하였나이다"라고 고백하기 때문이다(2:9).

더 깊이 생각해보기

❶ 요나서에서 물고기는 어떤 역할을 하는가?

❷ 하나님은 요나를 구하려고 물고기를 보내셨다. 여기서 하나님의 성품에 관해 어떤 교훈을 얻을 수 있는가?

❸ 알레고리와 모형론은 어떻게 다른가? 각각의 예를 들어 보라.

❹ 예수님은 어떤 면에서 요나와 같으신가?

❺ 예수님은 어떤 면에서 요나와 다르신가?

❻ 하나님의 자비는 요나서의 이 부분에서 어떤 역할을 하는가?

6장 깊음 가운데서 드리는 기도 1

요나 2:1-6a

건강하고 청결한 내면의 눈에는
그리스도께서 어디에나 계심이 드러나지만,
그분은 눈이 약하고 부정한 사람들, 심지어
육신의 눈을 가진 사람들에게도 자신을 나타내기로 뜻하셨다.
-아우구스티누스, 『기독교 교리에 관하여』

요나가 물고기 뱃속에서 그의 하나님 여호와께 기도하여
이르되 내가 받는 고난으로 말미암아 여호와께 불러 아뢰었더니
주께서 내게 대답하셨고 내가 스올의 뱃속에서 부르짖었더니
주께서 내 음성을 들으셨나이다.
주께서 나를 깊음 속 바다 가운데에 던지셨으므로
큰물이 나를 둘렀고

주의 파도와 큰 물결이 다 내 위에 넘쳤나이다.
내가 말하기를 내가 주의 목전에서 쫓겨났을지라도
다시 주의 성전을 바라보겠다 하였나이다.
물이 나를 영혼까지 둘렀사오며 깊음이 나를 에워싸고
바다풀이 내 머리를 감쌌나이다.
내가 산의 뿌리까지 내려갔사오며
땅이 그 빗장으로 나를 오래도록 막았사오나.
-요나서 2:1-6a

요나의 하강: 물속 무덤인가?

앞 장에서 우리는 주님이 자신과 요나를 비교하신 본문을 살펴보았다. 요나가 물고기 뱃속에 장사되었듯이, 예수님은 무덤에 장사되셨다. 그러나 이야기는 여기서 끝나지 않는다. 요나가 물속 무덤에서 안전하게 구원받은 것처럼, 그리스도 예수께서도 죽음을 이기고 무덤에서 나오셨다. 요나가 죽음을 통과하고 살아난 것은 그리스도께서 죽음을 이기시고 최종 승리를 거두실 것을 보여 주는 그림자다. 모형(요나)은 이제 원형(그리스도)에서 더 선명하게 드러난다. 그림자가 실체로 대체되었기에, 우리는 요나서 2장의 시를 구석구석 읽고 요나가 물속에서 겪은 시련이 그리스도의 죽음과 부활을 어떻게 예표하는지 더 정확히 살펴볼 수 있다.

앞 장 말미에서 요나서 2장의 시가 움직임을 늦추고 잠시 멈추게 하는 효과를 지닌다고 언급한 바 있다. 모든 게 느려진다. 독자 역시 완전히 멈추게 된다. 성찰적 비가(悲歌)다.

요나의 하강은 2:6에서 바닥에 이른다. "내가 산의 뿌리까지 내려갔사오며(*yaradti*)." 이 시에서 요나는 생명보다 죽음에 더 가깝다. 내가 이렇게 말하는 것은 요나가 물에 빠져 죽어가기 때문만이 아니라, 구약성경에서 죽음이 육체의 생명이 끝나는 것 이상을 뜻하기 때문이다. 죽음은 뇌와 심장의 기능이 멈추는 특정 시점에 국한되지 않는다. 죽음이 육체적인 현상이라는 사실을 부정하는 것은 아니지만, 그것이 전부는 아니라는 것이다. 인류가 타락한 이래, 죽음의 세력과 영향력이 우리의 존재 전체에 스며들었으며, 우리는 고통당할 때마다 이 사실을 뼈저리게 느낀다. 그러므로 구약성경에서 생명도 심장 박동 그 이상을 의미한다. 다시 말해, 생명은 풍성한 삶(강건한 삶)으로 설명하는 것이 더 적절하다. 이 삶은 죽음의 그림자로 인해 쉽게 손상될 수 있다. 생명과 죽음은 끊임없는 긴장 관계에 있다.

요나가 죽음과 마주하는 장면이 두 장의 산문 사이에 위치한 시 부분에 등장한다는 사실은 독자들에게 다소 놀랍게 느껴질 수 있다. 그러나 구약성경에서는 산문과 시가 자주 혼합된다. 때때로 히브리어 성경에서 산문 중간에 시가 불쑥 나타난다(예: 출 15장, 민 23-24장, 삿 5장). 흥미롭게도 성경에서 가장 오래된 시들 가운데 일부가 정확히 이러한 연결 지점에 나타난다. 요나 2:2-9도 히브리어 산문에서 히브리어 시로 전환되는 부분으로 널리 인정받는다. 그러므로 산문의 일반적인 제약을 벗어나 히브리 시의 특징을 반영하기 위해 언어가 달라진다.

20세기에만 해도 요나서 2장에 나오는 시가 요나서 원래 본문에 속하지 않았다고 생각하는 학자들이 많았다. 이 시가 앞뒤에 위치한 산문 단락과 어울리지 않는다고 판단해, 누군가 후대에 이 시를 요나서에 삽입했을 것이라고 결론 내린 것이다. 반면 이 시가 먼저 요나서의 일부였고 산문 단락이 후대에 추가되었다고 단언하는 학자들도 있었다. 그러나 최근의 연구 경향은 좀 더 신중한 접근을 보이고 있다.

예를 들어, 조지 랜디스(George Landes)는 이 시를 맥락과 함께 해석해야 한다고 강하게 주장했다.[1] 그가 논문을 발표한 후, 많은 학자들이 그의 주장에 동조해 이 시가 내러티브에 딱 들어맞는다고 여기게 되었다. 비록 이 시가 어느 시점에는 따로 존재했을지 모르지만, 요나서 전체가 하나의 책으로 구성될 때는 그 자리를 확고히 차지하고 있었던 것으로 보인다. 주목할 만한 사실은, 가장 오래된 요나서 사본이 포함된 사해 사본에서도 이 시가 같은 자리에 위치해 있다는 점이다. 최근 연구들이 보여 주듯, "요나 2:2-9 본문은 생각 없이 베껴 적은 게 아니다. 신중한 의도에 따라 그 자리에 배치된 것이다. 어느 필사자의 실수로 우연히 들어간 것이 아니다."[2]

요나서 2장의 시에 관해 두 가지를 분명히 하고 싶다. 첫째, 이 시가 매우 정교하게 구성되어 있으며, 둘째, 철저히 물의 이미지를 중심으로 전개된다는 점이다. 우선, 이 시는 조직적인 완성도와 예술성이 최고 수준에 이른, 숭고한 작품이다. 이 시는 고대 히브리 세계에서 일반적이었던 이미지와 모티프로 가득하다. 출처가 다양한 자료의 이미지를 어설프게 오려 붙인 듯한 짜깁기와 거리가 멀 뿐더러, 옛 시를 모방해 문학적 체면을 세우려는 시도와도 거리가 멀다. 오히려, 이 시는 정교하게 구성된 개인의 감사 찬송시로, 매우 높은 수준의 예술성을 보여 준다.

우리엘 사이먼(Uriel Simon)이 단언하듯이, 요나서 2장의 기도는 예상 가능한 시간 순서를(고난-기도-응답-감사) 따르지 않으며, 이 점을 알아야만 이 기도를 정확히 이해할 수 있다.[3] 다시 말해, 요나서 2장은 전형적인 히브리 방식으로 결론부터 제시한다(1절: "요나가 물고기 뱃속에서 그의 하나님 여호와께 기도하여"). 뒤이어 기도의 세부 내용이 제시된다. 이 구절에 얽혀 있는 주제(특히, 선지자의 고난, 그의 기도, 하나님의 응답)의 전개와 교차대구 구조는 저자가 단순히 시간 순서를 다루는 게 아님을 보여 준다.

우리는 요나서 1장을 살펴보면서 고대인들이 교차대구법(chiasm)이라는 문학 기법을 종종 사용했다고 언급한 바 있다. 나는 이러한 내향 구조(introverted structure, ABCBA와 같은 교차대구 구조에서 C가 핵심이 되고 양옆이 대칭을 이루며 안으로 모이는 듯한 구조—옮긴이)가 1장에 실제로 나타나는지에 대해 의문을 제기했지만, 2장의 시는 크고 작은 교차대구 구조로 가득하다.[4] 요나서 2장에 나오는 시의 구조를 자세히 살펴보는 일은 이 책의 범위를 넘어선다. 그렇더라도 독자들이 이 시의 예술적 형식을 어느 정도 파악할 수 있도록 인상적인 교차대구식 배열을 잠시 살펴보겠다.

A	지하세계(2절)	내가 받는 고난으로 말미암아 여호와께 불러 아뢰었더니 주께서 내게 대답하셨고 내가 스올의 뱃속에서 부르짖었더니 주께서 내 음성을 들으셨나이다.
B	우주적 물(3절)	주께서 나를 깊음 속 바다 가운데에 던지셨으므로 큰 물이 나를 둘렀고 주의 파도와 큰 물결이 다 내 위에 넘쳤나이다.
C	시인의 곤경(4절)	내가 말하기를 내가 주의 목전에서 쫓겨났을지라도 다시 주의 성전을 바라보겠다 하였나이다.
B′	우주적 물(3절)	물이 나를 영혼까지 둘렀사오며 깊음이 나를 에워싸고 바다풀이 내 머리를 감쌌나이다.
A′	지하세계(2절)	내가 산의 뿌리까지 내려갔사오며 땅이 그 빗장으로 나를 오래도록 막았사오나.

프랭크 무어 크로스(Frank Moore Cross)가 말했듯이, "이것은 순환 구조의 절묘한 예다."[5] 훨씬 더 섬세하고 정교한 구조들이 있지만 지면이 부족해 여기서는 다루지 못하겠다. 교차대구 구조의 중심(4절)이 시인의 곤경을 묘사한다는 데 주목하라. 감사의 시에서 특징적으로 나타나는 신뢰와 결단의 고백은 마지막 절(9절)에 가서야 나타난다(이 부분은 다음 장에서 살펴보겠다).

이 시는 단지 재능 있는 시인의 작품일 뿐 아니라 물의 이미지를 가득 담고 있는 시편의 전형적인 예이기도 하다. 한마디로 표현하자면, 이 시는 '수중적'이다. 성경의 많은 시편들은 극한 고난과 절망을 전달하기 위해 물과 익사에 대한 암시를 담는다. 시편 69편의 몇 구절을 살펴보자.

하나님이여 나를 구원하소서 .
물들이 내 영혼에까지 흘러 들어왔나이다.
나는 설 곳이 없는 깊은 수렁에 빠지며
깊은 물에 들어가니 큰물이 내게 넘치나이다. (1-2절)

나를 수렁에서 건지사 빠지지 말게 하시고
나를 미워하는 자에게서와 깊은 물에서 건지소서.
큰물이 나를 휩쓸거나 깊음이 나를 삼키지 못하게 하시며

웅덩이가 내 위에 덮쳐

그것의 입을 닫지 못하게 하소서. (14-15절)

현대 독자에게는 즉각적으로 드러나지 않을 수 있지만, 시편은 물의 이미지와 더불어 지하 세계의 이미지, 그리고 지하 세계를 가리키는 "웅덩이", "아바돈", "스올" 같은 여러 명칭을 함께 사용한다. 이러한 이미지와 동의어들은 요나의 시편에서도 매우 흔하게 나타난다. 물과 웅덩이 이미지는 이 짧은 시의 일곱 절 가운데 네 절에서 나타난다. 한 저자는 이렇게 말했다. "시편 전체에서 물과 웅덩이 이미지가 가장 밀집되어 나타나는 부분조차도 이 정도로 집중적이지는 않다. … 감히 말하자면, 이 짧은 시편은 말 그대로 물 이미지로 범람하고 있다."[6]

NIV는 2b절을 이렇게 옮겼다. "깊은 무덤에서 나는 도움을 구했다"(From the depths of the grave I called for help). 그러나 히브리어 본문은 (개역개정처럼) 사실상 **"스올의 뱃속**에서 나는 부르짖었다"고 말한다. 잭 새슨이 말하듯이, 이 은유는 "요나서에만 나오며 가장 암울한 절망을 내포한다."[7] 물과 스올 이미지가 내포하는 의미를 살펴보기 전에, 시편에 자주 암시되는 이 개념의 의미를 풀어 보아야 한다. 스올은 구약 성도에게 어떤 의미였는가? 최근 들어 죽음과 내세와 스올을 둘러싼 논의가

활발히 이루어지고 있다.[8]

구약성경 대부분의 용례에서 스올은 대부분 인간이 맞이하게 될 운명을 묘사하는 데 사용된다. 스올은 누구도 가고 싶어 하지 않는 곳, 곧 "달갑지 않은 운명"을 의미한다. 스올은 하나님의 심판이 내리는 장소이며, 흔히 경건하지 못한 자들에게 내려지길 바라는 저주의 표현으로 사용된다. 최근 발견된 고대 근동 문헌들 덕분에, 우리는 스올과 지하 세계에 대한 이미지를 더 잘 이해할 수 있게 되었다.

고대 근동 문헌에는 때때로 죽음(*Mot*)의 입 속으로 들어가는 듯한 이미지가 등장한다. 삶과 죽음, 질서와 혼돈의 세력들이 맞붙는 거대한 우주적 전쟁 이야기도 신화에 자주 등장하는데, 그 싸움 속에 종종 '물'이 포함되곤 한다. 바다와 다른 어떤 신, 혹은 가상의 신 사이의 전투는 흔한 주제였다. 그 신이 왕(마르둑) 같은 존재이든, 의인화된 죽음(*Mot*)이든 상관이 없었다. 시편과 요나서 2장에서도 이런 신화적 요소들이 한데 섞여 사용된다. 요나는 자신의 절망과 고통스러운 감정을 표현하기 위해 혼돈과 태초의 전투 이미지들을 끌어온다. 그러나 이때 그의 고통은 너무나 깊어서, 인간의 언어로는 도저히 다 담아낼 수 없을 정도다.

요나는 자신의 괴로움을 표현하려고 죽음과 혼돈의 영역에 눈을 돌린다. 여기서 스올은 은유로 사용된 게 분명하다.

요나는 아직 살아 있고 이 기도를 드리고 있기 때문이다. 요나는 마치 이미 스올에 들어간 듯한 상태, 즉 거의 익사할 지경인 상태를 언어로 표현하고 있는 것이다. 그러나 요나는 단지 죽음과 스올의 언어만 사용하는 것이 아니다. 그는 또 다른 이미지, 곧 우주적 전투 이미지에 눈을 돌린다. 이 시편에서 요나의 고통스러운 목소리는 고대 신화에서 혼돈과 맞서 싸우는 존재처럼 들린다.

요나는 물속 무덤에서 아주 직접적으로 부르짖는다. "**주께서** 나를 깊음 속 바다 가운데에 던지셨으므로 큰물이 나를 둘렀고 **주의** 파도와 큰 물결이 다 내 위에 넘쳤나이다"(3절). 실제로는 선원들이 요나를 배 밖으로 내던졌다. 그렇더라도 요나는 하나님이 이러한 행동의 궁극적 주체시라는 것을 알았다.

요나는 물에 빠져 죽어가는 극한 곤경을 표현할 적절한 단어를 필사적으로 찾는다. 필립 존스턴(Philip Johnston)이 말했듯이, "스올은 야웨와 신학적으로 가장 정반대에 있는 장소이며, 스올에 있는 자들의 두드러진 특징은 야웨로부터의 단절이다."[9] 요나는 자신이 하나님께 버림받았다고 느끼며, 사용할 수 있는 익숙한 모티프를 사용해 자신의 슬픔을 표현한다. 바꾸어 말하면, 요나는 자신의 절망을 정확히 표현할 언어를 온 힘을 다해 찾고 있다.

요나가 이 순간 토해 내는 외침 속에 담긴 슬픔이 얼마나 큰지 모르지만, 인간이 상상할 수 있는 그 어떤 고통보다 극심한 고통을 당하신 분이 계신다. 바로 하나님께 완전히 버림받으신 예수 그리스도다. 요나의 고난은 그가 자초한 것이었다. 반면, 그리스도께서는 자신의 허물을 속죄하기 위해서가 아니라 자신과는 무관한 죄의 값을 치르기 위해 하나님의 진노를 받아들이셨다. 그리스도께서 이전에 누구도 상상하거나 경험한 적 없는 '버림받음의 외침'을 터뜨리셨다. 인간 요나의 긴박한 시에 표현된 슬픔의 목소리는 그리스도께서 십자가에서 토해 내신 외침에서 완전한 울림을 얻는다.

죽음의 영역에 들어가신 예수

> 제육시가 되매 온 땅에 어둠이 임하여 제구시까지 계속하더니
> 제구시에 예수께서 크게 소리 지르시되
> 엘리 엘리 라마 사박다니 하시니
> 이를 번역하면 나의 하나님, 나의 하나님
> 어찌하여 나를 버리셨나이까 하는 뜻이라. (막 15:33-34)

예수 그리스도는 (요나처럼) 자신의 죄와 반역 때문이 아니라, 자신이 구속하러 온 죄인들을 위해 스스로 버림받음을 선

택하셨다. 예수님은 하나님의 진노를 받으셨다. 요나는 궁극적인 버림받음, 곧 죽음 자체로부터 구원받았다. 하지만, 그리스도에게는 그 어떤 즉각적 구원이나 잠시의 안식도 없었다. 그분은 진노의 잔을 끝까지 비우셔야 했다. 예수님의 죽음은 육체적인 죽음이긴 했지만, 육체적인 죽음 그 이상이었다. 그리스도께서 경험하신 버림받음을 제대로 이해하려면, 그리스도께서 겟세마네 동산에서 드리신 기도와 골고다에서 겪으신 수난을 살펴보아야 한다.

겟세마네 동산에서 그리스도께서는 수난을 준비하시며 제자들에게 이렇게 말씀하셨다. "내 마음이 심히 고민하여 죽게 되었으니 너희는 여기 머물러 깨어 있으라"(막 14:34). 잠시 후, 하늘 아버지께 이렇게 기도하셨다. "아빠 아버지여 아버지께는 모든 것이 가능하오니 이 잔을 내게서 옮기시옵소서 그러나 나의 원대로 마시옵고 아버지의 원대로 하옵소서"(막 14:36). 이 잔은 대체로 고난을 의미하는 것으로 이해되곤 하지만, 실제로는 훨씬 더 깊은 의미를 담고 있다. 구약성경에서 잔은 흔히 죄에 대한 하나님의 심판을 상징하는 은유로 사용된다. 곧, 이 잔은 죄에 대한 하나님의 진노의 잔이다. 그렇다면 그리스도께서는 왜 이 잔을 마시길 원치 않으셨을까? 그것은 그 잔이 하나님께 완전히 버림받는 것을 의미했기 때문이다.

그리스도께서 겪으신 버림받음에는 적어도 세 가지 측면이 있었다.[10] 첫째, 하나님께 버림받는 것은 우리가 인간으로서 경험하는 창조세계의 안락함을 철저히 잃는 것을 의미했다. 생각해 보라. 그리스도께는 해가 사라지고 어둠만이 남았다. 그리스도의 영예는 수치로 바뀌었다(고후 8:9, 빌 2:5-8). 십자가에 달리신 그리스도께는 흠모할 만한 것이 없었다(사 53장). 그리스도께서 가장 캄캄한 시간을 맞이하셨을 때, 그분을 도울 천사도 곁에 없었다.[11]

둘째, 그리스도께서 겪으신 버림받음은 하늘 아버지께서 직접 쏟아부으시는 적극적인 진노를 경험하는 것이었다. 성부 하나님이 아들에게 지옥의 모든 고통을 안기셨다. 클라스 스힐더르(Klaas Schilder)가 말했듯이, 이는 마치 옛 순교자들이 원형 경기장에 서서 자신의 살을 뜯고 자신의 뼈를 으스러뜨릴 맹수들이 하나씩 풀려나는 모습을 지켜보는 것과 같다. 이 모든 과정 내내 그분은 하늘 아버지께서 쌓이고 쌓인 진노의 창고를 열어 자신에게 진노를 쏟으시는 것을 보셨다.[12]

셋째, 그리스도께서 겪으신 버림받음은 실제로 지옥에 내려가는 것이었다. 그리스도께서는 모든 면에서 인류와 하나가 되셔야 했으며, 여기에는 죽음 자체를 온전히 경험하는 것도 포함되었다. 바로 지옥이었다. 그분은 말 그대로 하늘의 대의를 이루기 위해 지옥을 경험하셨다. 이는 곧 하나님과의 단절이었으며, 그리스도께서 반드시 겪으셔야 했던 일이었다.

사도 바울은 이 큰 신비를 깨닫고 이렇게 말했다.

> 하나님이 죄를 알지도 못하신 이를
> 우리를 대신하여 죄로 삼으신 것은
> 우리로 하여금 그 안에서 하나님의 의가 되게 하려 하심이라.
> (고후 5:21)

> 그리스도께서 우리를 위하여 저주를 받은 바 되사
> 율법의 저주에서 우리를 속량하셨으니
> 기록된 바 나무에 달린 자마다 저주 아래에 있는 자라
> 하였음이라. (갈 3:13)

장 칼뱅을 비롯한 신학자들과 함께 우리는 그리스도의 "나의 하나님, 나의 하나님 어찌하여 나를 버리셨나이까?"라는 외침에서 고대의 신앙 고백 "지옥에 내려가사"(사도신경 공인 본문의 일부다—옮긴이)를 가장 잘 설명해 주는 주석을 발견할 수 있다. 여기서 말하는 지옥은 문자 그대로의 장소가 아니라, 하나님께 버림받는 상태에서 겪게 되는 지옥의 경험이었다.

요나의 시가 우리를 이끌어 들인 이 묵상은 버림받음이란 주제와 연결된다. 이 주제는 쉽게 이해할 수 없는 매우 크고

심오한 신비를 우리에게 안긴다. 예수님은 버림받으셨다. 그러나 예수님이 십자가에 못 박히실 때, 성부와 성령은 단순한 방관자가 아니셨다. 예를 들어 히브리서 9:14에서는 그리스도께서 "영원하신 성령으로 말미암아 흠 없는 자기를 하나님께" 드리셨다고 말한다. 더 나아가 고린도후서 5:18-19은 이렇게 말한다. "모든 것이 하나님께로서 났으며 그가 그리스도로 말미암아 우리를 자기와 화목하게 하시고… 하나님께서 그리스도 안에 계시사 세상을 자기와 화목하게 하시며."

이번 장에서는 죽음, 고난, 버림받음에 관해 많이 이야기했다. 자신보다 크신 분, 곧 그리스도를 보여 주는 한 이미지로서 요나가 받은 고난을 다루었다. 요나서, 특히 2장에서 길을 잃고 고통당하는 선지자에게서 우리 자신의 모습을 발견할 수 있다고도 했다. 그러면 이 어두운 요나의 시편, 우리 구주께서 가장 어두운 때에 십자가에서 토해 내신 버림받음의 외침에서 궁극적으로 되울리는 이 시편에 대해 우리는 어떻게 반응해야 할까? 다시 말해, 하나님 말씀의 이 특별한 부분을 우리 자신에게 어떻게 적용해야 할까? 우리는 하나님 말씀을 적용하고 싶어 한다. 이것은 (일반적으로) 하나님을 기쁘시게 하려는 바람에서 비롯된 자연스러운 반응이다. 그러나 성경은 반드시 **적절하게** 적용되어야 한다. 이를 위해서는 많은 노력이 필요하다. 말씀을 지나치게 단순화하거나 도덕적 교훈으로

만 치환해 잘못 적용하지 않게 위해서다.

타락한 우리의 본성 깊숙한 곳에는 도덕적 명령과 지시를 갈망하는 경향이 있다. 그러나 성경의 인도는 직접적이기보다 간접적일 때가 많다. 설명하자면, 우리가 따라야 할 "… 하라"와 "… 하지 말라"는 식의 깔끔한 목록이 항상 주어지는 것은 아니다. 오히려 정반대다. 예를 들어, 선교에 대한 열정은 복음서 마지막에 나오는 "가서 모든 민족을 제자 삼으라"는 직접적인 명령에서 나올 수도 있지만, 하나님의 위엄에 대한 시편의 강력한 메시지를 올바르게 적용할 때 자연스럽게 흘러나올 수 있다.[13] 시편을 적절히 적용할 때, 청중은 자신이 누구 앞에 서 있는지를 새롭게 깨닫고 경외감으로 가득한 강렬한 경배를 드리게 된다. 따라서 성경에서 구세주의 영광을 깨달을 때 청중은 행동하지 않게 되는 것이 아니라 오히려 정반대일 것이다.

그리스도의 고난 속에서 우리는 우리의 고난과 시험, 반역에 대한 위로를 찾을 수 있다. 하이델베르크 요리문답의 두 문답은 하나님의 말씀으로부터 이러한 교훈을 어떻게 적절히 적용할 수 있는지를 잘 보여 준다. 흥미롭게도 이 두 문답은 사도신경과 관련된 부분에서 등장한다.

37문: "고난을 받으셨다"라는 말은 당신에게 무엇을 의미합니까?

답변: 이는 그리스도께서 이 세상에 계시는 동안, 특히 생애 마지막 시기에, 온 인류의 죄에 대한 하나님의 진노를 자신의 몸과 영혼으로 감당하셨음을 의미합니다. 그분은 유일한 화목제물로 고난을 당하심으로써 우리의 몸과 영혼을 영원한 정죄로부터 해방시키시고, 우리가 하나님의 은혜와 의와 영원한 생명을 얻게 하셨습니다.

44문: 사도신경에 "지옥에 내려가셨다"라는 말이 덧붙여진 이유는 무엇입니까?

답변: 개인적인 위기나 시험 가운데 있을 때에도 나에게 확신을 주기 위함입니다. 나의 주 그리스도께서 특히 십자가에서, 또 그 이전에도 이루 말할 수 없는 고통과 아픔과 영혼의 공포를 친히 담당하심으로써 지옥의 고통와 형벌에서 나를 구원하셨음을 확신하고 풍성한 위로를 얻게 하기 위함입니다.

더없이 아름다운 이 답변에 보탤 말이 많지 않다. 고난이 닥칠 때 우리는 어디서 위로를 얻을 수 있겠는가? 요나는 하나님과 그분의 성전을 바라보며 하나님께 돌이킴으로 위안을 얻었다. 우리 역시 깊은 위기와 시험이 닥칠 때, 이미 오신 메시아, 곧 예수 그리스도께로 향함으로써 참된 위안을 얻는다.

그리스도께서 세상에 오신 이유가 무엇인가? "하나님의 아들이 나타나신 것은 마귀의 일을 멸하려 하심이라"(요일 3:8). 다시금 그리스도께서 혼돈의 바다를 잠잠하게 하셨다.

더 깊이 생각해보기

❶ 1장에서 시작된 요나의 하강은 2장에서 어떻게 이어지는가?

❷ 성경에서 삶(생명)과 죽음은 어떤 의미를 갖고 있는가? 여기서 스올은 어떤 뜻을 지니는가?

❸ 요나서 2장에 나오는 시에는 어떤 이미지들이 사용되는가?

❹ 요나가 겪은 일은 그리스도의 십자가 죽음과 부활과 어떤 점에서 연결되는가?

❺ 우리가 시험과 고난, 어려움 등에 반응하는 방식에 이 장의 교훈을 어떻게 적용할 수 있을까?

7장 깊음 가운데서 드리는 기도 2

요나 2:6b-9

그는 거대한 심연 속에 있다.

그의 발아래는 유연하게 흐르는 물결뿐이다.

바람에 찢기고 흩어진 파도가 그를 무섭게 에워싼다.

요동치는 심연이 그를 휩쓸어 간다.

물보라가 그의 머리 주변에 날아다닌다.

물결이 그를 조롱하듯 침을 뱉는다.

어렴풋이 열린 구멍들이 그를 반쯤 삼키고,

그가 가라앉을 때마다 어둠으로 가득한 절벽들을 엿본다.

정체불명의 촉수들이 섬뜩하게 그를 붙잡아

그의 발을 휘감으며 그를 아래로 끌어내린다.

그는 자신이 점점 심연이 되어 가고 있다는 느낌을 받는다.

그는 거품의 일부가 되고, 파도는 그를 이리저리로 내던진다.

그는 쓰디쓴 물을 마신다.

탐욕스러운 바다가 그를 삼키려 한다.

괴물이 그의 고통을 가지고 희롱한다.

그에게 바다는 온통 액체로 된 증오다.

-빅토르 위고, 『레미제라블』

나의 하나님 여호와여

주께서 내 생명을 구덩이에서 건지셨나이다.

내 영혼이 내 속에서 피곤할 때에 내가 여호와를 생각하였더니

내 기도가 주께 이르렀사오며 주의 성전에 미쳤나이다.

거짓되고 헛된 것을 숭상하는 모든 자는

자기에게 베푸신 은혜를 버렸사오나

나는 감사하는 목소리로 주께 제사를 드리며

나의 서원을 주께 갚겠나이다.

구원은 여호와께 속하였나이다 하니라.

-요나서 2:6b-9

요나가 받은 물 재판

(고대 문화는 말할 것도 없고) 한 문화를 대략적으로라도 이해하려면 그 문화에서 법이 어떻게 작동하는지 알아야 한다. 법은 문화의 모든 영역에 엄청난 영향을 미친다. 거의 모든 고대 문

명에서, 심지어 중세 법에 이르기까지, 시련 재판(trial by ordeal, 시죄법)은 유죄와 무죄를 가리는 방법으로 사용되었다. 시련 재판은 고대 근동 문화권에서 매우 흔했던 법 집행 방식으로 "피고에게 신체적 시련을 가한 후 신체의 반응에 따라 죄의 유무를 판단하는 비교적 간단한 절차였다."[1]

이러한 신체 재판은 일방적일 수도, 쌍방적일 수도 있었다. 예를 들어, 어떤 문화에서는 쌍방 간의 결투를 통해 유죄와 무죄를 판별하기도 했다. 이러한 고대 근동의 재판은 성경에도 반영되어 있다. 예를 들어, 민수기 5:11-31은 간음 혐의로 남편에게 고소당한 여인의 유죄 여부를 판별하기 위한 재판 절차, 즉 '쓴 물' 시련 재판을 규정한다.

앗수르에서 단연 가장 일반적인 시련 재판은 강이나 물을 이용한 시련이었다. 카일 맥카터(Kyle MaCarter)는 이러한 강 시련 재판이 어떤 것이었는지 간결하게 요약한다. "메소포타미아 문헌에서 이드(*id*), 곧 신성한 강의 주요 기능 중 하나는, 잘 알려진 바와 같이, 특정한 법률 사건에서 재판관 역할을 수행하는 것이었다. 강 재판은 널리 퍼져 있었는데, 강에 던져진 피고인이 급류에서 살아남느냐 그러지 못하느냐로 유죄와 무죄가 결정되었다."[2]

이러한 재판은 고대 메소포타미아에서 가장 중요한 법전 가운데 하나인 함무라비 법전에도 반영되어 있다. 이 법전의 두 번째 조항은 입증되지 않은 주술 혐의 제기에 따른 시련 재판에 대해 언급한다.

> 어떤 사람이 누군가를 주술을 걸었다는 혐의로 고발했으나 그것을 입증하지 못하면, 주술 혐의를 받은 자는 신성한 강으로 가서 강에 몸을 던져야 한다. 만일 강이 그를 압도하여 그가 죽게 되면, 고발인이 그의 집을 차지할 것이다. 그러나 만일 강이 그의 무죄를 입증하고 그가 무사히 빠져나오면, 그를 주술 혐의로 고발한 자는 사형에 처해지고, 강에 뛰어든 자는 고발인의 집을 차지하게 될 것이다.

이러한 관행은 당시 메소포타미아 지역의 법률 절차의 일부였던 것으로 보이지만, 고대 이스라엘에서 이러한 시련 재판이 얼마나 시행되었는지, 심지어 얼마나 알려져 있었는지 알 수 없다. 그러나 앞서 제시한 개념과 그에 따른 법적 관행은 이스라엘과 단지 "한 걸음 정도 떨어져 있었을" 뿐이라고 할 수 있다.[3] 따라서 요나서 2장은 고대 메소포타미아를 비롯한 인근 문명에서 시행된 강 시련 재판을 배경으로 이해하는 것이 더 적절할지 모른다.[4]

탄원하는 선지자 요나는 큰 물고기 뱃속에 갇힌 채, 자신을 에워싸고 압도하는 물을 주관하시는 분이 하나님이심을 알기에 죄를 못 본 체하지 않으시는 거룩한 삼위일체 하나님 앞에서 자기의 처지를 호소한다. 우주의 물에 빠져 죽음에 이르기 직전까지 낮아진 요나는 자비를 구하며 부르짖는다.

밀접하게 연관된 또 다른 이미지가 이 단락에 등장한다. 그 이미지는 철 용광로 같은 애굽의 속박에서 벗어난 첫 번째 엑소더스, 곧 이스라엘이 경험한 가장 위대한 구원 사건을 간접적으로 언급하는 부분에서 나타난다. 홍해를 건넌 위대한 구원 사건(요단강을 건넌 사건에서도 반향된다)은 이스라엘 역사뿐 아니라 하나님의 교회 역사 전체에 지대한 영향을 미쳤다. 그런데 바로 그 사건과 그때 사용된 언어들이 요나의 시편 속에서 메아리치듯 울려 퍼지고 있는 것이다.[5] 이것은 단순히 개념적 차원(다시 말해, 이미지에 대한 암시)에서 확인될 뿐 아니라, 사용된 단어의 중복을 통해서도 확증된다. 예를 들어 요나서의 시편에 등장하는 '메출라'(*metsulah*, 깊은 곳), '테홈'(*tehom*, 심연), '숩'(*suf*, 바다풀)과 같은 단어들이 이스라엘의 위대한 구원 찬가인 '바다의 노래'(출 15장)에서도 동일하게 사용된다.

요나가 겪은 곤경이 물 시련 재판이며, 출애굽 구원의 서사적 모티프를 암시한다고 볼 때 이러한 의문이 든다. 예수님도 자신의 고난을 이와 비슷한 맥락에서 보셨을까? 최근 연구들에 따르면, 출애굽 사건은 신약성경 저자들뿐 아니라 이들이 자료를 정리하고 기록하는 방식에도 지대한 영향을 끼쳤음이 확인되고 있다. 더욱이, 변화산에서 모세와 엘리야는 그리스도와 함께 그분의 엑소더스("별세")에 대해 논했다(눅 9:31).

그리스도께서는 왜 세상에 오셨는가? 사도 요한은 이 질문에 "하나님의 아들이 나타나신 것은 마귀의 일을 멸하려 하심이라"고 답한다(요일 3:8). 이 답은 현대 설교자들이 우리 구주의 구속 사역에서 자주 뒤로 밀어내는 부분, 곧 그리스도의 능동적 순종을 전면에 드러낸다.

그리스도께서는 메시아적 사명을 성취하러 오셨다. 이것이 곧 그분의 **시련 재판**이 될 터였다. 마치 이스라엘 백성이 홍해를 건널 때 하나님이 이들과 함께하셨듯이 주 예수 그리스도께서도 요한이 행하는 세례의 물을 통과하실 터였고, 이 세례는 그분이 죽음과 (구약의 언어로) 리워야단이라는 혼돈의 물과 싸워 거두실 승리를 예표했다.[6] 지상 사역을 시작하실 때 그분은 광야에서 용 같은 사탄을 물리치셨고, 뒤이어 지상 사역을 하는 동안에는 "받으신 고난으로 순종함을 배워서 온전하게 되셨은즉 자기에게 순종하는 모든 자에게 영원한 구원의 근원이" 되셨다(히 5:8-9). 다시 말해, "예수님은 요나가 받은 물 시련 재판에서 자신이 땅속 깊은 곳에서 받을 시련 재판에 대한 표적을 보신 것이다."[7]

이러한 이미지들의 상호 작용 속에서 하나님의 백성에게 주는 교훈과 위로는 무엇일까? 그분의 백성이 깊고 깊은 고난에 빠져 있을 때, 하나님이 거기 계신다. 이들이 물에 빠져 죽어갈 때, 하나님이 거기 계신다. 하나님의 백성이 고통당할 때, 마치 원초적 죽음에 둘러싸인 것 같은 극한의 상황에서도, 하나님이 거기 계신다. 홍해를 통과하는 시련 속에서 그들을 구하셨듯이, 골고다에서도 하나님은 다시금 그분의 백성을 보호하시며, 격류를 헤치고 적을 물리치시며, 죄를 다스리시고, 안전하게 마른 땅으로 인도하신다. 이사야 선지자의 말씀에서도 이와 비슷한 위로의 말씀을 발견할 수 있다.

야곱아 너를 창조하신 여호와께서
지금 말씀하시느니라.
이스라엘아 너를 지으신 이가 말씀하시느니라.
너는 두려워하지 말라.
내가 너를 구속하였고
내가 너를 지명하여 불렀나니 너는 내 것이라.
네가 물 가운데로 지날 때에
내가 너와 함께 할 것이라.
강을 건널 때에
물이 너를 침몰하지 못할 것이며
네가 불 가운데로 지날 때에
타지도 아니할 것이요

불꽃이 너를 사르지도 못하리니

대저 나는 여호와 네 하나님이요

이스라엘의 거룩한 이요 네 구원자임이라. (사 43:1-3a)

되살아난 요나: 요나의 상승

지금까지 요나가 물속 무덤에 내려가는 장면과 관련된 풍성한 이미지들을 살펴보았으니, 이제는 요나가 물속 무덤에서 올라오는 상승의 이미지를 살펴보려 한다. 하나님은 요나에게 자비를 베푸셨다. 하나님은 심판자이시지만, 그 이름을 부르는 자들에게 자비를 베푸신다. 6절 끝에서 이 시는 심리적 중심부에 이른다.[8] 요나의 옹고집과 반역이 그를 밑바닥으로 끌어내렸지만, 하나님의 신실하심이 그를 다시 일으켜 세울 것이다.

요나는 하나님이 자신을 건지셨다고 고백하지만, 곧 희망을 잃을 것처럼 보인다. NIV는 7절 상반절을 이렇게 옮겼다. "내 생명이 빠져나가고 있을 때, 나는 주 여호와를 기억했습니다"(When my life was ebbing away, I remembered you, LORD). 여기서 사용된 관용표현은 영혼이나 정신이 자기 자신 안으로 움츠러드는 모습을 나타낸다. 이는 요나가 거의 희망을 잃고 있음을 보여 준다.[9] 요나는 철저히 낮아졌다. 하나님이 가장 기뻐하시는 제사는 상한 심령이다. 다른 시편 기자도 다른 상황에서 이렇게 말했다. "하나님께서 구하시는 제사는 상한 심령이라 하나님이여 상하고 통회하는 마음을 주께서 멸시하지 아니하시리이다"(시 51:17). 요나의 겸손에서 자기 의로움에 대한 정당화가 사라진 정결한 마음이 드러난다. 요나가 자신의 기도를 가리켜 사용하는 단어(*tepillati*)는 내레이터가 앞서 그의 기도 도입부(2:1)에서 사용한 동사, '기도하다'(*wayyitpallel*)와 연결될 뿐 아니라 자비를 간구하는 요나의 호소를 담고 있다.

낙담하고 자비를 간구하는 기도에서 확고한 결심으로 넘어가는 전환은 이어지는 구절에서 나타난다. "거짓되고 헛된 것을 숭상하는[*meshammerim*] 모든 자는 자기에게 베푸신 은혜[*hesed*]를 버렸사오나"(8절). 그런데 물속에 가라앉은 선지자는 누구를 염두에 두고 이 기도를 드리고 있는 걸까? 이 구절은 히브리어로 매우 어려운 표현이다. 사실, 어떤 번역본에서는 난외주에서 "히브리어로 의미가 불확실함"이라고 밝히기도 했다(그럴 만한 이유가 있다).

NIV와 개역개정은 여기서 헤세드를 각각 "grace"와 "은혜"로 옮겼다. 헤세드는 상당히 주목받아 온 단어다. 이 단어는 번역자들이 흔히 억지로 덧씌우는 고풍스러운 단어들보다 훨씬 더 풍성하고 포괄적인 의미를 지니고 있다. 사실, 이 책에서 나는 이 단어를 번역하지 않고 원어 그대로 두기로 했다. 새슨의 설명은 이 문맥에 특히 적절한데, 그는 이 단어를 다음과 같이 정의한다. "지위가 높은 존재(신, 왕 등)가 지위가 낮은 사람이나 집단(국가, 백성 등)에게 호의적이고 자애롭게 행동할 잠재력과 그 실현 가능성."[10] 여기에 "버리다"라는 의미의 동사 '아자브'(*'azab*)를 함께 살펴보면, 이 동사는 흔히 사람들이 자기 하나님을 버리는 행위를 묘사할 때 비유적으로 사용된다. 이를 통해 하나의 그림이 떠오른다. 곧 어리석은 우상숭배자들은 중요한 무언가를 잃을 위험에 처해 있다는 것이다. 실제로, 이들은 자신들의 헤세드를 버리려 하고 있다.

하나님은 구속의 역사 내내 신실하지 못한 그분의 백성을 정확히 이렇게 기소하신다. 신명기의 한 대목을 보자.

> 여러 나라 사람들도 묻기를 여호와께서 어찌하여 이 땅에 이같이 행하셨느냐 이같이 크고 맹렬하게 노하심은 무슨 뜻이냐 하면
>
> 그 때에 사람들이 대답하기를 그 무리가 자기 조상의 하나님 여호와께서 그들의 조상을 애굽에서 인도하여 내실 때에 더불어 세우신 언약을 버리고[*'azab*] 가서 자기들이 알지도 못하고 여호와께서 그들에게 주시지도 아니한 다른 신들을 따라가서 그들을 섬기고 절한 까닭이라. (신 29:24-26)

이것은 예레미야의 예언에서 거듭 나타나는 중요한 주제가 된다.

너 하늘아 이 일로 말미암아 놀랄지어다.
심히 떨지어다. 두려워할지어다.
여호와의 말씀이니라.
내 백성이 두 가지 악을 행하였나니
곧 그들이 생수의 근원되는
나를 버린['*azab*] 것과
스스로 웅덩이를 판 것인데
그것은 그 물을 가두지 못할 터진 웅덩이들이니라. (렘 2:12-13)

요나서 2:8이 앞 장에 등장했던 선원들이나 요나 자신을 에둘러 가리킨다고 보는 것보다는 요나서 2:8을 이러한 본문들과 연결하는 게 훨씬 자연스러워 보인다.

오히려 요나서 2:8은 이스라엘을 가리키는 것으로 보이는데, 앞서 살펴보았듯이(60-64쪽) 요나는 이스라엘을 대표한다. 기억하라. 이스라엘의 고질적 문제는 이들이 언약에 충실하지 못했다는 것이다. 그러므로 시인은 이 중요한 전환 구절을 주의나 경고를 주기 위해 삽입한 것으로 보인다. 그는 하나님을 향한 충성을 버린 자들이 헤세드를 잃을 위험에 처했다고 말하는 것으로 보인다. 여기서 사용된 단어가 하나님의 헤세드를 가리키는지, 아니면 인류의 헤세드를 가리키는지 모호하다. 나는 이스라엘이 자신들의 유일하신 참 하나님이 자신들에게 베푸시는 헤세드(즉, 자비)를 버리고 있다는 해석에 더 무게를 둔다. 왜냐하면 시편 144:1-2에서 시편 기자는 실제로 하나님을 "나의 헤세드"라고 부르기 때문이다.

> 나의 반석이신 여호와를 찬송하리로다.
> 그가 내 손을 가르쳐 싸우게 하시며
> 손가락을 가르쳐 전쟁하게 하시는도다.
> 여호와는 나의 사랑[*hasdi*]이시요 나의 요새이시요
> 나의 산성이시요 나를 건지시는 이시요
> 나의 방패이시니 내가 그에게 피하였고
> 그가 내 백성을 내게 복종하게 하셨나이다.

여기에 하나님께 나아가는 다양한 방법이나 다양한 구원의 길에 관해 그 어떤 모호함도 없다는 데 주목하라. 하나님은 한 분이며, 유일한 구원의 길이시다.

이 어려운 구절의 핵심을 밝히는 데 도움이 되는 매우 중요한 성경 구절이 또 하나 있다. "거짓되고 헛된 것을 숭상하는[*meshammerim*] 모든 자는 자기에게 베푸신 은혜를 버렸사오나"(2:8). 히브리 성경에서 "헛된 것"(*hable-shav'*)이라는 표현이 등장하는 유일한 다른 곳은 시편 31:6-7이다.

내가 허탄한 거짓[*hable-shav*]을 숭상하는 자들을 미워하고
여호와를 의지하나이다
내가 주의 인자하심[*behasdeka*]을 기뻐하며 즐거워할 것은
주께서 나의 고난을 보시고
환난 중에 있는 내 영혼을 아셨으며.

장 칼뱅은 날카롭게 정곡을 찌른다. "유일하신 참 하나님 외에 그 어디서도 그 어떤 도움이라도 기대할 수 없다."[11]

요나의 시 말미에 이르면, 죽음의 문턱에서 구원받은 선지자의 목소리가 들린다. 요나는 죽음과 얼굴을 마주하고도 하나님의 자비 덕분에 (헤엄쳐?) 벗어났다. 요나는 자신에게 베푸신 하나님의 자비에 감사하며 하나님께 '토다'(*todah*)를 드린다.[12] 구원에 새로운 결심이 뒤따른다. 자비에 감사가 뒤따르는 것이다. 요나는 이제 이 책 1장에서 선원들이 구원받았을 때 보인 반응과 유사한 방식으로 자신의 구원에 반응한다. 선원들은 목숨을 잃을까 두려웠고, 요나도 목숨을 잃을까 두려웠다. 하나님은 이들을 맹렬한 폭풍에서 구원하셨고, 요나를 삼키겠다고 위협하는 혼돈의 물과 죽음의 용에게서 그를 구원하셨다. 자비의 손이 그에게 뻗쳤다.

마지막 줄은 이 시에 딱 맞는 절정이다. 문자 그대로 옮기면 이렇다. "구원은 여호와께 속하였나이다." 이 간결한 신앙

고백은 요나서 네 장 어느 곳에든 해석의 열쇠로 적용될 수 있다. 그러나 언어가 늘 그렇듯이, 요나의 언어 역시 결국 그의 진정한 생각과 감정을 드러내고 만다. 이야기를 더 읽어 가다 보면, 요나가 이 고백(즉, "구원은 여호와께 속하였나이다")을 자신에게 적용하는 것만큼 타인에게 적용하는 데 항상 열정적이지는 않았다는 것을 알게 된다.

많은 저자가 요나서 2장의 기도를 4장의 기도와 비교했지만 조지 랜디스만큼 이 부분을 날카롭게 분석한 사람은 없을 것이다. 그는 학자로서의 경력 내내 요나서를 거듭 연구해 왔다. 그는 두 장 사이에 몇몇 놀라운 유사점을 발견했다.[13]

요나서 2장		요나서 3장	
1:17	초점이 요나로 옮겨 간다.	4:1	초점이 요나로 옮겨 간다.
2:10	요나가 살아남는다.	4:1	니느웨가 살아남아서 요나가 화를 낸다.
2:1	요나가 기도한다.	2a	요나가 기도한다.
2-6a	요나가 깊은 곳에서 처했던 고통스러운 상황을 회상한다.	2a	요나가 팔레스타인에서 처했던 고통스러운 상황을 회상한다.
6b-8	요나가 하나님의 자비로운 구원을 확인하고 그로부터 통찰을 끌어낸다: 우상 숭배자들이 자신들을 사랑하시는 분을 저버린다는 것이다.	2a	요나가 하나님이 니느웨를 구원하실 거라 생각한다: 그가 다시 스로 도망해야 한다.
		2b	요나가 구원으로 이어질 하나님의 자비를 확신한다.
9	여호와를 향한 요나의 반응: 제사와 서원이 있는 예배	3	여호와를 향한 요나의 반응: 죽기를 구함

10	요나를 향한 여호와의 응답: 선지자가 하나님이 맡기신 (아직 성취되지 않은) 사명에 호의적으로 반응하도록 행동하신다.	4-11	요나를 향한 여호와의 응답: 선지자가 하나님이 맡기신 (이미 성취된) 사명에 호의적으로 반응하도록 행동하신다.

요나서 2장과 4장을 비교해 보면 **시간이 흐르면서** 요나의 성품이 어떻게 달라졌는지 알 수 있다. 말하자면, 그는 옛 허물을 완전히 벗어던지지 못했다. 하지만 이 부분은 나중에 다루겠다.

요나의 시를 살펴보면서 우리는 죽음과 부활에 관한 구약성경의 놀라운 그림이 신약에서 거울처럼 반영되는 것을 확인했다. 요나는 물속 무덤에 들어갔으나 그곳에 머물지 않았다. 그리스도께서도 죽으신 후 무덤에 안치되셨으나 그곳에 머물지 않으셨다. 그리스도께서는 무덤에서 일어나 숱한 증인에게 나타나신 후 하늘로 올라가 아버지 오른편에 앉으셨고 거기서 영광 가운데 다스리고 계신다. 그러나 그분의 죽음과 부활에는 목적이 있었다. 사도 바울은 우리에게 다음과 같이 일깨운다. "예수는 우리가 범죄한 것 때문에 내줌이 되고 또한 우리를 의롭다 하시기 위하여 살아나셨느니라"(롬 4:25). 요나서는 죽음과 죽음으로부터의 구원을 보여 주는 놀라운 그림이며, 이는 우리에게 진정한 확신을 갖게 해 준다. 영원이 도래하는 날, 하나님은 우리에게 하신 약속을 참으로 이루실 것이다. 요나서 2장에 대한 연구를 마무리하기 위해, 또 다른 시편 말씀을 살펴보는 것보다 더 좋은 방법은 없을 것이다.

> 이스라엘은 이제 말하기를
> 여호와께서 우리 편에 계시지 아니하셨더라면
> 우리가 어떻게 하였으랴.
> 사람들이 우리를 치러 일어날 때에
> 여호와께서 우리 편에 계시지 아니하셨더라면
> 그 때에 그들의 노여움이 우리에게 맹렬하여
> 우리를 산 채로 삼켰을 것이며
> 그 때에 물이 우리를 휩쓸며
> 시내가 우리 영혼을 삼켰을 것이며
> 그 때에 넘치는 물이
> 우리 영혼을 삼켰을 것이라 할 것이로다. (시 124:1-5)

더 깊이 생각해보기

❶ 시련 재판이란 무엇인가? 고대 근동에서 이것은 어떤 방식으로 사용되었는가?

❷ 이스라엘이 경험한 출애굽은 요나가 경험한 구원 및 그리스도께서 베푸신 구원과 어떻게 연결되는가?

❸ 예수 그리스도의 죽음과 부활을 더 깊이 이해하는 데 이 장의 내용이 어떤 도움이 되었는가?

❹ 요나가 죽음에 가까운 경험을 통해 겸손을 배웠다고 생각하는가? 그가 하나님의 자비를 이해했다고 생각하는가?

8장 회개에 관한 교훈

요나 2:10-3:10

무할례자는 믿는다.

그러나 할례자는 여전히 믿지 않는다.

-히에로니무스, 『요나서 주석』

여호와께서 그 물고기에게 말씀하시매 요나를 육지에 토하니라.

여호와의 말씀이 두 번째로 요나에게 임하니라.

이르시되 일어나 저 큰 성읍 니느웨로 가서

내가 네게 명한 바를 그들에게 선포하라 하신지라.

요나가 여호와의 말씀대로 일어나서 니느웨로 가니라.

니느웨는 사흘 동안 걸을 만큼 하나님 앞에 큰 성읍이더라.

요나가 그 성읍에 들어가서 하루 동안 다니며 외쳐 이르되

사십 일이 지나면 니느웨가 무너지리라 하였더니

니느웨 사람들이 하나님을 믿고 금식을 선포하고
높고 낮은 자를 막론하고 굵은 베 옷을 입은지라.
그 일이 니느웨 왕에게 들리매 왕이 보좌에서 일어나
왕복을 벗고 굵은 베 옷을 입고 재 위에 앉으니라.
왕과 그의 대신들이 조서를 내려 니느웨에 선포하여 이르되
사람이나 짐승이나 소 떼나 양 떼나 아무것도 입에 대지 말지니
곧 먹지도 말 것이요 물도 마시지 말 것이며
사람이든지 짐승이든지 다 굵은 베 옷을 입을 것이요
힘써 하나님께 부르짖을 것이며
각기 악한 길과 손으로 행한 강포에서 떠날 것이라.
하나님이 뜻을 돌이키시고 그 진노를 그치사
우리가 멸망하지 않게 하시리라.
그렇지 않을 줄을 누가 알겠느냐 한지라.
하나님이 그들이 행한 것
곧 그 악한 길에서 돌이켜 떠난 것을 보시고
하나님이 뜻을 돌이키사
그들에게 내리리라고 말씀하신 재앙을 내리지 아니하시니라.
-요나서 2:10-3:10

앞 장에서 우리는 하나님이 바다에 빠져 죽어가는 요나에게 자비를 베풀어 그를 구원해 주시는 것을 보았다. 누군가에게

자비가 임할 때, 사람들은 감사하는 마음과 변화된 행동이 이어질 것이라고 예상한다. 문학 작품에서 가장 유명한 인물 가운데 하나로 손꼽히는 장발장이 바로 이런 반응을 보였다.

빅토르 위고의 『레미제라블』에서 장발장은 빵 한 덩이를 훔친 죄로 오랫동안 감옥에 갇혔다가 마침내 풀려난다. 그는 친절하고 따뜻한 어느 주교의 집에서 예상치 못한 환대를 받는다. 그러나 오래된 유혹이 그의 발목을 잡고 만다. 사람들이 모두 잠든 사이, 장발장은 주교의 은그릇을 훔쳐 달아난다.

장발장이 은그릇을 소지한 채 현행범으로 붙잡혀 주교 앞에 끌려온다. 이 순간, 우리는 놀라운 은혜의 행위를 목격한다. 장발장을 끌고 온 사람들에게 주교는 자신이 그 은그릇을 그 전과자에게 선물로 주었다고 말한다. 주교는 경찰을 향해 장발장에게서 손을 떼고 그를 당장 풀어 주라고 요구한다. 장발장은 주교의 행동에 넋이 나간다. 위고는 장발장이 주교를 형언할 수 없는 표정으로 바라보았다고 기록한다. 뒤이어 주교는 은촛대 두 개를 벽난로 선반에서 가져와 경찰이 보는 앞에서 자신의 손님이 잊고 간 선물이 더 있는 척한다.

> 주교가 말했다. "형제님, 가시기 전에 여기 형제님의 촛대가 있으니, 이것도 가져가십시오."
>
> 주교는 벽난로 선반으로 가서 촛대 둘을 가져와 장발장에게 건

넸다. … 장발장은 온 몸을 떨고 있었다. 그는 정신 나간 표정으로 촛대 둘을 얼떨결에 받아들었다.

주교가 그에게 말했다. "이제 편히 가십시오. 아 참, 형제님, 다시 오실 때는 정원 쪽으로 오시지 않아도 됩니다. 언제라도 정문으로 들어오고 나가셔도 좋습니다. 정문은 낮이든 밤이든 걸쇠만 걸어 닫아 두니까요."

경찰들이 떠난 후, 주교가 장발장에게 단단히 이른다.

"이 은을 정직한 사람이 되는 데 사용하겠다고 약속하신 것을 절대로 잊지 마십시오." 장발장은 이런 약속을 한 기억이 전혀 없어 어리둥절했다. 주교는 이 말을 하면서 한 마디 한 마디에 힘을 주었다. 주교는 뒤이어 엄숙하게 말했다. "장발장 형제님, 형제님은 이제 악이 아니라 선에 속한 사람입니다. 저는 형제님의 영혼을 위해 값을 치렀습니다. 형제님의 영혼을 어두운 생각과 파멸의 영에서 끌어내 하나님께 드립니다."

곤경에 처했던 도둑은 자비로운 행동에 깊이 감동되어 영원히 변화되었다. 말할 수 없는 자비를 받았기에, 그는 이제 소외되고 고통받는 자들에게 자비를 베풀고 또 베푸는 사람이 된다. 그는 매춘부로 전락한 가난하고 불쌍한 여인을 구출

하고, 수레에 깔릴 뻔한 남자를 구해 줄 뿐 아니라 나중에 그에게 일자리를 찾아 준다. 또한 아동 노예 상태에 놓인 그 여인의 딸을 구해 손녀처럼 보살핀다. 자비는 그의 삶과 성품을 완전히 바꿔 놓았다.

어떤 사람은 리워야단의 창자에 갇힌 요나에게 베풀어진 자비도 비슷한 효과를 냈으리라 생각할 것이다. 그런데 요나서 후반부로 넘어가면서 그렇지 않았음이, 또는 그 효과가 아주 짧았음이 드러난다.

요나의 회개

어느 저자가 말했듯이 "3장에서 줄거리가 되감기고 새로 시작된다."[1] 이것은 몇 가지 방식으로 나타난다. 첫째, 히브리어 본문 2:10 끝에 자음 '페'(*peh*)로 표기된 휴지(break)가 있다. 이는 고대 필사자들에게 본문에 자연스러운 휴지가 있으므로 그 부분을 비워 두라는 뜻이었다.

둘째, 1장과 3장이 시작되는 방식의 유사점과 차이점을 비교해 보면 놀라울 정도다.

요나서 1장		요나서 3장	
1절	여호와의 말씀이 아밋대의 아들 요나에게 임하니라.	1절	여호와의 말씀이 두 번째로 요나에게 임하니라.

2절	저 큰 성읍 니느웨로 가서 그것을 향하여 외치라 그 악독이 내 앞에 상달되었음이니라 하시니라.	2절	저 큰 성읍 니느웨로 가서 내가 네게 명한 바를 그들에게 선포하라.
3절	그러나 요나가 여호와의 얼굴을 피하려고 일어나 다시스로 도망하려 하여 욥바로 내려갔더니 마침 다시스로 가는 배를 만난지라 여호와의 얼굴을 피하여 그들과 함께 다시스로 가려고 배삯을 주고 배에 올랐더라.	3절	요나가 여호와의 말씀대로 일어나서 니느웨로 가니라 니느웨는 사흘 동안 걸을 만큼 하나님 앞에 큰 성읍이더라.

이 구절들 사이에 흥미로운 차이점과 유사점이 많지만 특히 세 가지가 두드러진다. 첫째, 1절에서 "두 번째로"가 아버지 이름을 대신한다. 둘째, 이제 하나님이 요나가 전달할 매우 구체적인 메시지를 주신다. 셋째, 첫 만남에서와 달리 이번에는 요나가 하나님의 명령에 순종한다.

가장 뚜렷하게 대비되는 점은 1:13의 내용과 3:3의 내용이 다르다는 것이다. 앞 장에서 우리는 요나의 불순종에 대해 자세히 살펴보았다. 요나서 서두에서 요나의 불순종은 하나님의 명확한 뜻과 극명하게 대비되어 기술된다. 요나의 불순종은 "그러나 요나가 … 도망하려 하여"(1:3)라는 말로 강조된다. 저자는 요나가 도망쳤다는 점을 애써 강조하는데, "**여호와의 얼굴을 피하려고**"라는 표현이 3절에서 두 번이나 나오는 데서 분명해진다.

3장에서는 요나가 하나님이 그에게 가르치려 하셨던 교훈을 배운 것처럼 보인다. 그러나 4장에 이르면, 요나가 우리와 마찬가지로 하나님과 그분의 세상 속 사역에 대한 이해에 도달하기 전에 아직 깊이 탐구해야 할 게 많음을 알게 된다. 그럼에도 불구하고, 요나는 자신의 메시지를 니느웨에 전하고, 놀랍게도 니느웨는 회개한다.

니느웨라는 이름을 언급한다는 게 고대 히브리인들에게 어떤 의미일지는 이미 살펴보았다. 이야기의 이 시점에서, 3절 중간에 이야기가 끊기고 새로운 부수적인 정보가 나타난다. "니느웨는 사흘 동안 걸을 만큼 하나님 앞에 큰 성읍이더라."

히브리어 3절 본문은 NIV보다 훨씬 구체적이다. 문자 그대로 옮기면 다음과 같다. "니느웨는 신들에게 큰 성읍이었다" 또는 "하나님에게/하나님을 위한 큰 성읍이었다." 니느웨는 요나서 네 곳에서 "큰 성읍"(큰 도시)이라 불린다(1:2; 3:2, 3; 4:11). 제시된 번역 가운데 전자는 니느웨가 앗수르의 많은 신들에게 중요했다는 점을 강조하는데, 이는 올바른 번역이 아닐 가능성이 높다. 요나서 전체의 맥락에서 보면 이방 민족의 우상 신들은 비판의 대상이 되므로, 니느웨가 여러 신들에게 중요했다는 강조는 이야기의 흐름과 맞지 않다. 반대로 후자의 번역, 즉 이 성읍이 비록 이방 성읍이지만, 온 우주를 다스리는 참 하나님께 속한 도시였다는 번역이 이야기의 논리와 문법에도 잘 맞다. 이 해석은 니느웨가 결국 하나님께 속한 성읍임을 강조하며, 이는 이야기 전체 흐름과 일치한다. 이 성읍은 하나님의 성읍이다. 이스라엘뿐 아니라 이교도 성읍들과 민족들까지 하나님, 곧 이스라엘의 하나님의 소유라는 것은 어쩌면 익히 알려진 교훈일 것이다. 그렇다 하더라도 이는 두고두고 곱씹어야 할 교훈이다.

이 해석은 이미 살펴본 신앙 고백, 곧 요나가 선원들과 함께 폭풍에 휘말렸을 때 그의 입술에서 나온 신앙 고백과 딱 들어맞는다. "나는 히브리 사람이요 바다와 육지를 지으신 하늘의 하나님 여호와를 경외하는 자로라"(1:9). 이 고백은 하나님이 모든 피조물의 주인이며, 따라서 니느웨의 주인이기도 하다는 것을 암시한다. 그래서 추가된 이 세부 사항을 통해 요나서 저자는 이스라엘에게 "하나님이 이스라엘의 가장 완고한 적들까지도 다스리신다"는 사실을 일깨운다.[2]

본문의 세부 사항을 하나만 더 살펴보고 다음으로 넘어가겠다. NIV(와 개정개역)는 3:3의 마지막 부분을 니느웨가 둘러보는 데 사흘이 걸릴 만큼 큰 도시였다는 의미로 번역한다. 그러나 이 번역에는 아무런 근거가 없다. 해당 구절은 문자 그대로 "사흘 길"이라는 표현인데, 이것이 비유적으로 사용된다는 사실이 입증되어 왔다.[3] 이 표현을 사용한 실제 의도는 요나가 1,000킬로미터의 여정을 시작할 때 그 도시가 매우 멀리 떨어져 있음을 나타내려는 것이다. 이는 문자적인 사흘 길보다 훨씬 더 긴 거리이다. 그러므로 이 구절은 니느웨의 크기나 요나가 니느웨에 머문 기간을 말하려는 게 아니다. 오히려 요나가 니느웨에 이르기까지 가야 하는 먼 거리를 비유적이고 관용적으로 표현하기 위해 사용된 것이다.[4] 고대인들은 짧은 거리를 의도할 때마다 "하룻길"이라고 말했다. NIV에서 바로 다음 절이(4절) 이 표현으로 시작된다. 이는 요나가 니느웨에 그리 깊이 들어가지 않은 시점에서 설교를 시작했다는 뜻이다.

그렇다면 요나는 고대 앗수르의 뉴욕에 도착하자마자 무엇을 했는가? 메시지를 선포하기 시작했다. 니느웨의 멸망이 임박했다는 짧은 선언이었다(히브리어로 겨우 다섯 단어였다). 어느 주석가는 이렇게 말했다. "이 히브리어 다섯 단어는 … 기록된 예언적 규탄 중 가장 짧은 것이었다."[5] 니느웨 주민들이 요나의 선언을 임박한 멸망에 관한 선포로 해석한 게 분명해 보인다. 9절에 나오는 왕의 칙령이 이러하기 때문이다. "하나님이 뜻을 돌이키시고 그 진노를 그치사 우리가 멸망하지 않게 하시리라 그렇지 않을 줄을 누가 알겠느냐." 이들은 요나의 예언을 순전하고 단순한 예언, 곧 파멸의 예언으로 해석했다.

요나가 임박한 전복을 묘사할 때 사용한 단어(히브리어 *hapak*; 여기서는 니팔형 분사 *nehpaket*)는 "전복되다" 또는 (하나님께로) "돌이켜지다, 변화되다"라는 두 가지 의미를 가질 수 있다. 이 단어는 "변화시키다"(transform)라는 의미도 가질 수 있기 때문에, 많은 주석가가 이러한 모호함이 중의적 의미(두 의미)를 전달한다고 본다. 사실, 저자가 하나의 의미만 의도했는지 아니면 두 의미를 동시에 전달하려 했는지를 두고, 주석가들이 거의 반반으로 나뉜다. 하지만, 적어도 니느웨 주민들이 그 단어(*hapak*)를 해석한 방식에 비추어 볼 때, 문맥상 '변화'라는 의미는 배제되는 것으로 보인다. 더욱이 요나가 사용한 언어 자체는 분명히 소돔과 고모라가 하나님의 심판으로 전복된 사건, 곧 구약성경 전체에서 거듭 되풀이되는 모티프를 강하게 환기시킨다(창 19:25, 29; 신 29:23; 사 13:19; 렘 20:16; 49:18; 50:40; 애 4:6; 암 4:11). 이 구절들에서도 요나서에서 볼 수 있는 것과 유사한 언어가 사용된다. 요나의 말에 니느웨 주민들은 하나님을 두려워했던 게 분명하다.

어쨌든 요나는 고분고분 순종했다. 1장에서 요나는 하나님과 그분이 맡긴 사명을 피해 달아나려 애썼다. 그때와 달리, 3장에서 요나는 자신의 사명을 완수한다.

니느웨의 회개

빈센트 반 고흐(Vincent Van Gogh)의 작품들을 직접 본 일은 우리 가족이 동부 해안에 살 때 내 인생의 하이라이트 중 하나였다(그림들은 네덜란드에서 미국 국립 미술관으로 대여 전시중이었다). 내가 아주 좋아하는 반 고흐의 작품 중 하나는 안타깝게도 그때 전시되지 않았는데, 고흐가 생애 말년에 생 레미-오베르 시기에(1889.5-1890.7) 그린 작품이다. 반 고흐는 생 레미의 정신병원에서 지내던 시절, 자신의 종교적 과거에 대한 향수를 느꼈다고 전해진다. 그의 인생 순례길은 오베르에서 종착지를 맞았고, 안타깝게도 그는 자신의 손으로 그 끝을 재촉하고 말았다.[6]

내가 염두에 두고 있는 그림의 제목은 "영원의 문 앞에서"이다. 이 그림에서는 늙은이가 두 손으로 머리를 괸 채 의자에 앉아 있다. 반 고흐는 이 의자와 이 노인을 자신과 동일시했을 것이다. ("감자 먹는 사람들" 같은 초기 작품에서도 이 의자가 등장하며, 거기에는 반 고흐의 서명이 새겨져 있다.) 노인은 너무나 가련해 보인다. "영원의 문 앞에" 서 있는 노인에게 이생의 행복에 대한 희망은 사라지고 없다. 그림에서 깊은 슬픔이 배어난다. 내가 느끼기에, 반 고흐의 작품은 현대인이, 또한 고대인이 처한 곤경과 이들에게 절실히 필요한 진정한 회개를 포착해 보여 준다.

니느웨 주민들이 요나의 설교에 보인 반응은 무엇이었는가? 믿음과 수용, 한 마디로 말해 철저한 회개였다. 요나서에서 니느웨의 회개는 대조물(foil) 역할을 한다("대조물"이란 이야기에서 또 다른 인물이나 요소와 대비하려고 사용되는 한 인물이나 사건을 가리키는 문학적 장치다). 우리의 이야기에서 니느웨는 우리의 주인공 요나와 대조를 이루는 존재로 기능한다. 실제로, "앗수르의 수도는 요나의 궁극적인 구원을 위한 대조물로 사용된다. 만약 니느웨 주민들처럼 요나가 회개하고 하나님의 자비의 목적에 관해 자신의 생각을 바꾼다면 말이다."[7] 지금 우리 앞에 펼쳐지는 "눈처럼 하얀 앗수르 이야기라는 특이한 서사"[8]는 결국 요나라는 선지자의 삶에서 분명하게 드러나는 회개의 부재와 놀라운 대조를 이룬다.

더욱이 요나가 이스라엘을 대표하기 때문에, 저자는 니느웨를 대조물로 사용해 회개하지 않는 이스라엘을 에둘러 고발한다. 이야기는 주변국들을 포학하게 다루기로 악명 높은 앗수르의 수도를 사용하는데, 이는 의와 거룩을 향한 자신들의 열심에 안주하는 선민에 대한 간접적이지만 매우 적절한 정죄로 작동한다. 이것은 흔히 주석가들이 전제하는 바와는 다르다. 그들은 이 짧은 선지서의 목적이, 이스라엘이 이방인에 대해 품은 배타적 증오를 꾸짖는 데 있다고 해석한다. 요나서가 비교적 후대에 쓰였다고 보고, 당시의 역사적, 신학적 상황을 고려해 그렇게 전제하는 것이다. 하지만 내가 주장하는 바는 그것과 전혀 다르다. 내가 주장하는 핵심은, 요나서가 하나님의 말씀을 선포하는 선지자들의 설교에 순종하지 않는 이스라엘의 태도를 꾸짖고 있다는 것이다. 이는 이스라엘의 대적 니느웨 사람들이 보인 행동과 극명하게 대비된다.

땅의 모든 민족 중에 이스라엘만 하나님의 눈동자여야 했다. 하나님을 향한 이스라엘의 순종은 이스라엘을 지켜보는 민족들에게 복의 근원이 되어야 했다. 하나님은 이스라엘이 민족들 가운데서 어떤 역할을 해야 한다고 보시는가? 성경이 이에 관해 어떻게 말하는지 생각해 보라.

> 너희는 [계명을] 지켜 행하라. 이것이 여러 민족 앞에서 너희의 지혜요 너희의 지식이라. 그들이 이 모든 규례를 듣고 이르기를 이 큰 나라 사람은 과연 지혜와 지식이 있는 백성이로다 하리라. 우리 하나님 여호와께서 우리가 그에게 기도할 때마다 우리에게 가까이 하심과 같이 그 신이 가까이 함을 얻은 큰 나라가 어디 있느냐. 오늘 내가 너희에게 선포하는 이 율법과 같이 그 규례와 법도가 공의로운 큰 나라가 어디 있느냐. (신 4:6-8)

또 열왕기상이 어떻게 말하는지 보라.

> 우리 하나님 여호와께서 우리 조상들과 함께 계시던 것 같이 우리와 함께 계시옵고 우리를 떠나지 마시오며 버리지 마시옵고 우리의 마음을 주께로 향하여 그의 모든 길로 행하게 하시오며 우

리 조상들에게 명령하신 계명과 법도와 율례를 지키게 하시기를 원하오며 여호와 앞에서 내가 간구한 이 말씀이 주야로 우리 하나님 여호와께 가까이 있게 하시옵고 또 주의 종의 일과 주의 백성 이스라엘의 일을 날마다 필요한 대로 돌아보사 이에 세상 만민에게 여호와께서만 하나님이시고 그 외에는 없는 줄을 알게 하시기를 원하노라. 그런즉 너희의 마음을 우리 하나님 여호와께 온전히 바쳐 완전하게 하여 오늘과 같이 그의 법도를 행하며 그의 계명을 지킬지어다. (왕상 8:57-61)

비극적이게도, 하나님의 말씀에 나오는 역사적 기록들을 보면 알 수 있듯이, 언약의 하나님이 정해 주신 규정을 이스라엘이 지속적이고 완고하게 거부했다는 증거가 차고 넘친다. 만약 이스라엘이 순종하길 거부하고, 주변 민족들 가운데서 하나님의 이름을 높이길 거부하면, 하나님은 회개하지 않는 자기 백성을 포로 생활을 통해 정결하게 하실 것이다. 그뿐 아니라 포로 생활에서의 회복을 통해서도 정결하게 하실 것이며, 민족들이 하나님의 이름의 능력을 다시 보게 하실 것이다. 이스라엘의 순종은 민족들 가운데서 하나님의 영광을 드러내기 위한 것이었다. 이스라엘이 순종하지 않으면 징계와 훈계를 받게 될 것이다. 그러나 하나님은 여전히 영광을 받으실 것이다.

3:5에 이르면, 회개라는 중요한 주제가 갑자기 꽃을 피운다. 본문은 먼저 전반적인 개요를 제시한 다음 대중에게 미친 영향의 결과를 제시한다. "니느웨 사람들이 하나님을 믿고 금식을 선포하고 높고 낮은 자를 막론하고 굵은 베 옷을 입은지라."

여기서 본문은 시간 순서를 따르지 않는다. 저자가 사건들을 이렇게 예술적으로 배열한다고 해서 독자들이 염려할 필요가 없다. 성경에서 드문 기법이 아니기 때문이다(예를 들면, 시편 114편을 보라). 문학적 혹은 신학적 목적을 위해 사건을 시간 순서대로 배열하지 않는 것은, 과거에 흔히 생각했던 것처럼 편집상의 허술함을 드러내는 것이 아니다. 오히려 이는 예술적 천재성을 보여 주는 표시일 수 있다.[9] 왕의 칙령(7-9절)은 실제로 백성의 금식과 회개보다 앞서 내려진다. 그러나 내레이터는 핵심 내용, 곧 전반적인 개요를 먼저 제시한 후에 뒤로 돌아가 이러한 광범위한 회개가 어떻게 생겨났는지 세세하게 제시하려 한다. 이러한 해석은 적어도 스페인 출신의 위대한 유대인 성경학자인 랍비 이븐 에즈라(Ibn Ezra)까지 거슬러 올라간다.

"회개"로 번역된 히브리어(*shub*)는 요나서에 4회 사용된다. 의미심장하게도, 4회 모두 이 짧은 몇 구절에서 사용되는데(8-10절), 이는 새롭고 중요한 주제가 등장했음을 보여 준다. 사실, 어떤 학자들은 저자가 이 회개 자체와, 회개가 있느냐 없느냐에 따라 달라지는 결과에 독자의 시선을 모으고 있다고 본다.[10]

하나님의 회개

요나서 3:10은 최근 논쟁의 주제가 되어 온 몇 가지 신학적 난제를 우리 앞에 제기한다. 하나님과 피조물의 관계를 이해하기 위해 다소 난해하지만 매우 중요한 주제를 간략히 다루려고 한다. 내가 염두에 둔 주제는 '열린 유신론'이다. 이제 우리가 살펴보려는 이 주제는 고통받는 사람들에게 주어지는 위로와 평안에 심각한 영향을 미친다. 따라서 요나서 3장의 결론을 이해하려면 잠시 곁길로 벗어나 이 문제를 다룰 필요가 있다.

요나서 3:10은 하나님의 불변성, 그리고 궁극적으로는 하나님의 주권에 관해 질문을 던진다. 하나님은 세상에서 일어날 모든 일을 미리 알고 계실까? 더 나아가, 성경의 특정 구절들이 암시하듯이(예를 들면, 시 33:11과 엡 1:11을 보라), 하나님은 미래에 일어날 모든 일을 실제로 결정하고 계획하실까? 전통적으로 우리는 하나님의 섭리에 대한 이러한 이해가 하나님의 자녀들에게 기쁨과 위로, 그리고 확신을 가져다준다고 배워왔다. 사실, 큰 고난이나 시련의 때에 하나님의 선하심과 돌보시는 섭리를 묵상하는 것은 마음속에 쌓인 쓴뿌리를 이겨 내는 길이 되기도 했다.

예를 들어, 하나님이 자기 백성을 돌보신다는 점을 강조하는 여러 시편을 생각해 보라. 특히 시편 55:22은 이렇게 말한다. "네 짐을 여호와께 맡기라 그가 너를 붙드시고 의인의 요동함을 영원히 허락하지 아니하시리로다." 또한 시편 91:1은 이렇게 선언한다. "가장 높으신 분의 보호를 받으면서 사는 너는, 전능하신 분의 그늘 아래 머무를 것이다"(새번역). 이런 구절들은 하나님의 자녀가 당혹스러운 환경에서도 평온하고 침착한 마음을 갖는 데 도움이 된다(다음을 보라. 사 49:15, 25; 슥 2:8; 벧전 5:6-7). 결국 하나님이 자기 자녀의 머리카락 한 올이라도 하나님의 뜻과 허락 없이는 상하게 하지 않으신다면, 하나님의 자녀가 죄 때문에 저주받은 세상을 지날 때 얼마나 큰 위로와 확신이 되겠는가?(마 10:28-31) 실제로 하나님의 섭리에 대한 이러한 시각은 하나님의 백성에게 늘 큰 위로의 근원이었다. 인간에게 흔히 따르는 고난과 시련으로 괴로울 때라도, 하나님이 세상을 다스리심에 있어서 항상 공의롭고 선하시다는 사실을 확신할 수 있기 때문이다. 설령 다른 사람이 내게 고통을 안기거나 불의를 행할 때라도, 하나님의 자녀는 주권자이자 공의로우신 하늘의 하나님이 이것을 허락하셨다는 것을 알고 스스로를 위로할 수 있다.

그러나 다른 해석도 가능할까? 하나님의 작정이 이 땅 위 피조물이 취하는 행동 때문에 바뀔 수 있을까? 몇몇 성경 구절은 언뜻 이렇게 암시하는 것으로 보인다(예를 들면, 창 6:7; 삼상 15:35; 시 106:45). 미래는 하나님에 의해 정해져 있지 않은 걸까? 우리 본문과 더 직접적으로 관련된 질문은 이렇다. 완고한 죄인들이 갑자기 돌이킬 때 하나님이 불순종하는 죄인들에게 내리겠다고 경고하신 형벌을 철회하신다는 것(일부 번역에서는 "회개하신다"는 표현)은 정확히 무엇을 의미할까? 이것은 하나님의 작정이 고정된 게 아니라 피조물들이 하는 행동에 따라 달라질 수 있다는 뜻인가? 예레미야 18:7-10 같은 단락을 보면 그런 해석이 옳은 것처럼 보일 수 있다.

> 내가 어느 민족이나 국가를 뽑거나 부수거나 멸하려 할 때에 만일 내가 말한 그 민족이 그의 악에서 돌이키면 내가 그에게 내리기로 생각하였던 재앙에 대하여 뜻을 돌이키겠고 내가 어느 민족이나 국가를 건설하거나 심으려 할 때에 만일 그들이 나 보기에 악한 것을 행하여 내 목소리를 청종하지 아니하면 내가 그에게 유익하게 하리라고 한 복에 대하여 뜻을 돌이키리라.

우리는 요나서 3장 말미에서 이런 질문들을 마주한다. (예를 들면, KJV과 RSV 등과 같이) 오래된 번역들은 요나서 3:10을 현대 독자에게 다소 모호하 게 들리는 방식으로 번역했다. “하나님께서 그들이 행한 일, 곧 그들이 자기들의 악한 길에서 돌이킨 것을 보시고 재앙, 즉 친히 그들에게 행하리라고 말씀하신 그 재앙에서 뜻을 회개하시고(repented) 그것을 행하지 않으셨다”(KJV 직역). 히브리어 동사(*naham*)를 이렇게 번역해도 4백 년 전 영어 독자에게는 별 문제가 없었을 테지만, 현대 독자에게는 문제가 될 수 있다. 특히 최근 복음주의 신학 내에서의 발전된 논의들을 고려하면 더욱 그렇다.

현대 독자에게 ‘회개하다’(repent)라는 표현은 대개 ‘어떤 잘못된 행동에서 돌이키다’라는 의미로 이해된다. 물론 이런 의미가 하나님께 적용될 수는 없다. 그러나 ‘회개하다’라는 표현이 단순히 ‘마음을 바꾸다, 다시 생각하다’라는 의미로만 이해된다고 해도, 오해를 방지하기 위해 추가적인 설명이 필요하다. 그렇지 않으면 하나님의 작정과 불변성이 피조물의 행동에 따라 바뀔 수 있는 것처럼 오해할 수 있기 때문이다. 더 나아가, 복음주의 신학 내에서 일어난 ‘열린 유신론’이라는 새로운 운동 때문에 오늘날 많은 그리스도인이 더 깊은 혼란에 빠질 가능성이 더욱 커지고 있다.

존 샌더스(John Sanders), 클라크 피녹(Clark Pinnock), 그레고리 보이드(Gregory Boyd) 같은 학자가 이 새로운 운동을 대표한다. 열린 신학자들이 제기하는 쟁점은 전혀 새로운 게 아니다.

실제로 교회사에서 여러 시대에 걸쳐 논의되어 온 주제다.[11] 하나님의 불변성(말 3:6, 약 1:17 같은 본문이 입증하는 항상성, 변하지 않음)에 대한 고전적·정통적 이해가 옳은가? 아니면 앞서 인용한 것과 같은 성경구절에 비추어 수정되어야 하는가?

이 신학 운동을 이해하려 할 때, 그레고리 보이드의 저서 『가능성의 하나님』(*God of the Possible*)은 좋은 출발점이다. 이것이 일반 독자를 염두에 두고 쓴 책이기 때문이다. 보이드에게 있어 핵심 쟁점은 하나님의 전지(全知), 곧 하나님이 모든 것을 아시는지 여부에 대한 것이 아니다. 오히려 문제는 "하나님이 완벽하게 아시는 '현실의 본질'이 과연 무엇인가"에 있다.[12]

보이드가 정확히 설명하듯이, 전통적인 관점에서는 미래의 모든 일이 이미 결정되어 있고 확정되어 있으며, 전능하신 하나님이 영원히 미리 아시고 예정하셨다고 본다. 이 논의에서 중요한 점은, 정통 신학적 입장은 언제나 하나님이 악의 조성자가 아님을 강조해 왔다는 것이다. 칼뱅이 우리에게 일깨우듯이, 누군가가 하나님이 정하신 계획을 수행한다고 해서 범죄가 미덕으로 바뀌는 것은 아니다. 전통적 개혁주의 관점에서 보면, 악의 책임은 하나님이 아니라 악을 행하는 자에게 있다.

그러나 보이드는 이러한 전통적 견해가 교회에 자리 잡게 된 것은 그리스 철학 개념이 미친 영향 때문이라고 여긴다. 하나님의 불변성과 하나님의 작정의 관계를 명확히 하려던 사람들의 사고가 그리스 철학 개념에 오염되었기 때문이라는 것이다. 이와는 반대로, 열린 유신론자들은

> 미래가 일부는 확정된 것이고, 일부는 아직 미확정된 것이라고 본다. 미래에 관한 어떤 사실들은 이렇게 될 **수도 있고**, 저렇게 **될 수도 있는** 가능성의 영역으로 남아 있다는 것이다. 따라서 열린 유신론자들은 하나님이 모든 현실을 완벽하게 아신다는 믿음을 유지하면서도, 하나님이 미래를 미확정된 가능성과 확정된 확실성이 공존하는 것으로 아신다고 주장한다. 이런 의미에서 열린 유신론자들은 하나님이 미래를 완벽하게 아신다는 점을 부정하지 않으며, 오히려 그것을 긍정해야 한다고 주장한다. 단지 그들이 이해하는 '하나님이 아시는 미래'란, 현재로서는 진정한 가능성들이 포함된 미래라는 것이다.[13]

이것은 고전적 입장과 본질적으로 다른 주장이다. 보이드는 "미래가 열려 있다는 모티프"를 제시하는 성경 구절들에 주목하면서, 이들이 다음과 같은 사실을 묘사한다고 설명한다. "하나님은 부분적으로 열려 있는 미래를 마주하신다. 그분은 앞으로 일어날 일을 정확히 통제하거나 미리 알지 않으신다."[14]

이제 성경을 읽는 사람이 요나서 3:10 같은 구절을 마주하면서 미래 사건이 결정되지 않았다는 관점, 즉 "성경에서 하나님이 역사 속에서 일어난 사건에 따라 마음을 바꾸신다는 관점"[15]을 염두에 둔 채 이 구절을 읽으면, 그러한 구절이 전통적 견해를 견지하는 독자에게 얼마나 어려운 문제를 제기할 수 있는지 이해하기 시작할 것이다. 예를 들면, 보이드는 관련 구절 중에 요나서 3:10을 다루면서 다음과 같이 말한다. "하나님은 니느웨에 실행하기로 계획하셨던 멸망에 관해 '마음을 바꾸셨다.' 주목할 점은, 이 구절이나 그 어떤 구절도 하나님이 마음을 바꾸신 것처럼 보였다고 말하거나 에둘러 암시하지 않는다는 점이다. 이 본문은 상상할 수 있는 가장 분명하고 직설적인 방식으로, 하나님이 '마음을 바꾸셨다'고 말한다."[16]

사실, 보이드를 비롯한 열린 유신론자들의 질문은 중요하며 진지하게 받아들여야 한다. 그렇더라도, 이들이 도출한 결론은 여러 측면에서 의문이 제기될 수 있으며, 깊은 절망과 고통을 겪는 사람의 확신과 위로를 약화시킬 수 있다.

열린 유신론 같은 견해는 전혀 새로운 게 아니며, 과거에 지적이고 지속적이며 적극적인 반박을 받아 왔다.[17] 이 책에서 그 반박의 흐름을 자세히 다루는 것은 우리의 핵심 과제에서 너무 멀어지는 일이므로, 『가능성의 하나님』에서 제시된 견해들을 자세하게 다룰 수는 없다. 그러나 현대 독자들이 요나서 3:10 같은 어려운 구절들을 읽을 때 하나님의 작정과 불변성에 관한 성경의 가르침을 훼손하지 않도록 간단히 설명해야겠다.

우리가 살펴보는 요나서 구절로 돌아와서, 나는 보이드가 요나서를 비롯해 그가 '미래가 열려 있다는 모티프'라고 부르는 다른 본문들에 대해 내리는 해석의 핵심이 잘못되었다고 본다. 이는 그가 성경에서 언어가 작동하는 방식의 본질을 이해하지 못했기 때문이다. 다른 측면들도 논의될 수 있겠지만, 이것이 열린 유신론의 주요한 약점 중 하나다. 그러므로 이 문제를 좀 더 살펴보기 전에 성경 언어의 본질을 짧게라도 살펴볼 필요가 있다.

우리는 우리가 누구 앞에 서 있는지 절대 잊지 말아야 한다. 하나님은 위엄이 무한하신 분이다. 하나님의 길은 피조물이 완전히 이해할 수 없다. 그러므로 성경은 우리에게 유비적 담론의 언어로 말한다. 이것은 성경 언어의 본질을 말하는 새로운 방식이나 최근 방식이 아니다. 개혁주의 변증가 마이클 호튼(Michael Horton)은 이렇게 말했다. "'하나님은 선하시다'와 '샐리는 선하다'라고 말할 때, '선하다'라는 술어는 동일하게(즉, 같은 뜻으로) 사용되거나 다르게(즉, 실제적 유사성이 없이) 사용되는 게 아니라 유비적으로 사용된다." 따라서 유비적 사고란,

알려지지 않은 것의 특정 측면을, 알려지고 익숙한 것을 통해 이해하고 파악하는 방식이라고 말할 수 있다."[18]

웨스트민스터 신학교에서 J. G. 메이첸(J. G. Machen)과 함께 재직했던 변증가 코넬리우스 반 틸(Cornelius Van Til)도 성경의 체계가 유비적 체계라고 하면서 비슷한 용어로 표현했다.[19] 방금 주장한 어떤 것도 성경의 진실성에 의문을 제기하지 않는다. 오히려 그 반대다.

이 변증가들은 성경 계시의 본질을 인정하고 이와 씨름해 온 오랜 신학 전통에 서 있다. 예를 들면, 칼뱅은 하나님의 진리가 유한한 피조물인 우리의 능력에 맞춰 조정된다고 강하게 주장했다. 칼뱅의 말을 빌리면, 하나님은 우리에게 아기의 언어로 말씀하신다. 어머니가 아이에게 말하기 위해 몸을 낮추듯이, 하나님도 우리가 자신의 진리를 파악할 수 있도록 이런 방식으로 우리에게 말씀하신다. 이러한 범주들은, 성경의 난해한 구절을 해석하려 애쓰는 사람들이 비유적 표현과 은유를 섬세하게 다루며, 어떤 구절은 문자적으로 받아들이고 또 어떤 구절은 비유적으로 해석해야 하는지 구분하게 도와주는 중요한 기준이 되어 왔다.

예를 들면, 성경이 하나님과 하나님의 피조물들과의 관계에 대해 말할 때, 종종 인간적인 특성을 하나님께 부여하는 식으로 표현한다. 이런 표현을 신학에서는 신인동형론

(anthropomorphic)이라고 한다. 또한 성경은 때때로 하나님에게 인간과 같은 감정이나 열정을 부여하기도 하는데, 이를 신인동감론(anthropopathism)이라고 한다. 이러한 표현 방식에 대해 알면, 전문가든 평신도든 간에 성경 연구자들이 성경을 저자들의 의도대로 해석하는 데 도움이 된다.

예를 들어, 홍수 직전 성경은 인류가 도덕적으로 심각하게 피폐해진 것을 슬퍼하시는 하나님의 모습을 이렇게 묘사한다. "여호와께서 사람의 죄악이 세상에 가득함과 그의 마음으로 생각하는 모든 계획이 항상 악할 뿐임을 보시고 땅 위에 사람 지으셨음을 한탄하사 마음에 근심하시고"(창 6:5-6). 이 구절은 하나님이 "보셨다"라고 말한다. 그러나 사람과 달리 하나님에게는 눈이 없다. 이 구절은 또한 하나님이 "한탄하셨다"라고도 말한다. 그러나 이것은 사람의 후회나 한탄과 다르다. 이러한 표현은 사람의 슬픔과의 유사성을 전달하면서도, 동시에 전능하신 우주의 창조자요 구속자이며 유지자에게만 적용될 수 있는 특별한 의미를 담고 있다.

창조주와 피조물 사이의 구별과 차이는, 특히 감정이 표현될 때 항상 염두에 두어야 한다. 하나님이 피조물에게 감정이나 정서를 갖지 않으신다는 것이 아니라, 사람처럼 격분하지 않으신다는 것이다. 이를 테면, 하나님은 '뚜껑이 열리지' 않으신다.

하나님이 당신의 말씀으로 우리에게 말씀하실 때 우리의 연약함에 맞추어 주신다. 이 부분과 관련해, 장 칼뱅은 우리가 하나님의 '회개'(돌이키심)를 말하는 구절에 비추어 하나님의 일하심과 섭리를 어떻게 이해해야 하는지 매우 유용한 용어로 설명했다.

> 그렇다면 "회개"라는 단어가 무엇을 의미하는가? 확실히 그 의미는 하나님을 인간의 언어로 설명할 때 사용하는 다른 모든 표현들과 마찬가지로 이해해야 한다. 우리가 연약해 하나님의 지고한 상태에 이르지 못하기 때문에, 하나님을 묘사할 때도 우리가 이해할 수 있도록 조정된 방식으로 전해진다. 이러한 조정 방식은 하나님이 자신을 있는 그대로 보여 주시는 것이 아니라, 우리가 이해할 수 있는 모습으로 나타내신다는 것이다. 하나님은 어떤 마음의 동요에도 휘둘리지 않으시지만, 자신이 죄인들을 향해 진노한다고 증언하신다. 그러므로 우리는 하나님이 진노하신다는 말을 들을 때 하나님 안에 어떤 인간적인 감정이 있다고 상상해서는 안 되며, 오히려 이 표현이 우리의 인간적 경험에서 가져온 것임을 이해해야 한다. … 그러므로 우리는 '회개'라는 단어를 행동 변화 외에 다른 어떤 것으로 이해해서는 안 된다. 왜냐하면 인간은 자신의 행동을 바꿈으로써 스스로가 잘못되었음을 드러내기 때문이다. 인간에게 일어나는 모든 변화가 자신을 불쾌하게 하는 것을

> 바로잡는 과정이라면, 이러한 바로잡음은 회개에서 비롯된다. 따라서 '회개'라는 단어는 하나님이 당신의 행동을 바꾸신다는 사실을 의미한다. 그러나 여기서 하나님의 계획이나 뜻이 바뀌는 것은 아니며, 그분의 의지가 달라지는 것도 아니다. 어떤 변화가 사람의 눈에 갑작스러워 보이더라도, 하나님은 영원 전부터 미리 보시고 승인하시고 작정하신 것을 중단 없이 추구하신다.[20]

따라서 성경에서 언어가 작동하는 방식의 복잡한 본질을 이해하면 요나서 3:10 같은 어려운 구절을 이해하는 데 도움이 된다. 어쩌면 더 중요하게도, 성경의 언어가 어떻게 작동하는지 이해하면 우리 자신의 삶뿐 아니라 다른 사람들의 삶에서 일어나는 고난, 고통, 불의 문제와 씨름하는 데도 도움이 된다. 하나님은 변덕스러운 분이 아니시다. 우리가 정직한 사람이라면, 삶의 어느 시점에 하나님의 미소 없는 섭리 아래서 큰 고통과 혼란을 경험하는 때가 반드시 올 것이다. 그럼에도 불구하고, 우리는 하나님이 여전히 보좌에 계시고 하나님의 집(곧, 하나님의 세상)이 질서 안에 있음을 확신하며 안심할 수 있다. 사건이 어느 쪽으로 전개되더라도, 하나님은 절대 놀라시거나 당황하시거나 난처해하지 않으신다.

궁극적으로, 어느 날 모든 불의가 영원히 심판을 받을 것이다. "좋은" 사람들에게 나쁜 일이 일어날 때라도, 그 일은 하늘에 계신 우리 아버지의 시야 밖에서 일어나지 않는다. 하나님은 "자비롭고 은혜롭고 노하기를 더디하고 인자와 진실이 많은 하나님이라. 인자[*hesed*]를 천대까지 베풀며 악과 과실과 죄를 용서하리라. 그러나 벌을 면제하지는 아니하고 아버지의 악행을 자손 삼사 대까지 보응하리라"(출 34:6-7).

더 깊이 생각해보기

❶ 요나가 드린 기도의 주제, 곧 "구원은 여호와께 속하였나이다"와 연결해서 볼 때, 2장에서 구원은 요나에게 분명하게 임했다. 그렇다면 3장에서는 구원이 누구에게 임하며, 그 이유는 무엇인가?

❷ 요나서 1장 서두의 구절들과 3장 서두의 구절들을 비교해 보라. 이 비교를 통해 줄거리 전개와 요나의 성격 변화에 관해 무엇을 알 수 있는가?

❸ 요나서의 메시지는 소돔과 고모라의 멸망 내러티브를 연상시킨다(창 19장). 창세기 18-19장을 다시 읽고 그 내러티브에서 아브라함이 했던 역할과 중보를 요나서 3-4장에서 요나가 한 역할과 비교해 보라. 그리스도께서 한 도시를 보며 슬퍼하시거나 그 도시를 위해 중보하신 적이 있는가? 있다면, 우리 주님의 행동은 요나와 아브라함의 행동과 어떻게 비교되는가?

❹ 니느웨 주민들이 가진 회개 개념이 원 유대인 독자들에게 어떤 메시지를 전달했을까?

❺ 하나님의 '회개'(돌이키심)에 관한 최근 논쟁들을 요약해 보라.

❻ 최근 벌어진 이 신학 논쟁이 왜 중요하며, 하나님의 본질에 관해 어떤 질문들을 제기하는가?

9장 마지막 논쟁

요나 4:1-11

위대한 안내자 바울이 말했듯이,

다른 사람들에게 설교하면서

정작 자신은 버림받는 자에게 화가 있을 것입니다.

-허먼 멜빌, 『모비 딕』

하나님이 자비로우시다는 확신이 없다면

누구라도 선지자나 선생이 되려 해서는 안 된다.

-장 칼뱅, 『요나서 주석』

요나가 매우 싫어하고 성내며 여호와께 기도하여 이르되

여호와여 내가 고국에 있을 때에

이러하겠다고 말씀하지 아니하였나이까.

그러므로 내가 빨리 다시스로 도망하였사오니
주께서는 은혜로우시며 자비로우시며 노하기를 더디하시며
인애가 크시사 뜻을 돌이켜 재앙을 내리지 아니하시는
하나님이신 줄을 내가 알았음이니이다.
여호와여 원하건대 이제 내 생명을 거두어 가소서.
사는 것보다 죽는 것이 내게 나음이니이다 하니
여호와께서 이르시되 네가 성내는 것이 옳으냐 하시니라.
요나가 성읍에서 나가서 그 성읍 동쪽에 앉아
거기서 자기를 위하여 초막을 짓고
그 성읍에 무슨 일이 일어나는가를 보려고
그 그늘 아래에 앉았더라.
하나님 여호와께서 박넝쿨을 예비하사 요나를 가리게 하셨으니
이는 그의 머리를 위하여 그늘이 지게 하며
그의 괴로움을 면하게 하려 하심이었더라.
요나가 박넝쿨로 말미암아 크게 기뻐하였더니
하나님이 벌레를 예비하사
이튿날 새벽에 그 박넝쿨을 갉아먹게 하시매 시드니라.
해가 뜰 때에 하나님이 뜨거운 동풍을 예비하셨고
해는 요나의 머리에 쪼이매
요나가 혼미하여 스스로 죽기를 구하여 이르되
사는 것보다 죽는 것이 내게 나으니이다 하니라.

하나님이 요나에게 이르시되

네가 이 박넝쿨로 말미암아 성내는 것이 어찌 옳으냐 하시니

그가 대답하되

내가 성내어 죽기까지 할지라도 옳으니이다 하니라.

여호와께서 이르시되

네가 수고도 아니하였고 재배도 아니하였고

하룻밤에 났다가 하룻밤에 말라 버린 이 박넝쿨을 아꼈거든

하물며 이 큰 성읍 니느웨에는

좌우를 분변하지 못하는 자가 십이만여 명이요

가축도 많이 있나니 내가 어찌 아끼지 아니하겠느냐 하시니라.

-요나서 4:1-11

"분노(anger)와 위험(danger)은 한 자 차이다!" 어느 주유소의 작은 천막에 적혀 있는 글귀다. 정말 그렇다. 앞 장에서는 회개에 초점을 맞추었다. 요나서 4장에서 우리의 고집불통 선지자는 자신의 분노를 니느웨뿐 아니라 하나님에게 쏟을 위험에 처한다. 4장의 강조점은 하나님의 자비가 나타난 데 대한 요나의 반응에 있기 때문이다. 4장은 "요나가 매우 싫어하고 성내며"로 시작한다. 4:1은 3장 마지막 절과 직접 연결된다. "싫어하다"라는 표현은 요나서에서 여러 방식으로 거듭 사용된 히브리어 단어(*vayyera'*, 어근은 *r"*)를 번역한 것이다. 이 히브리

어 동사는 대개 눈과 함께 사용된다(예를 들면, "… 의 눈에 악했더라"). 이 흔한 히브리어 관용 표현은 누군가가 어떤 일이 잘못되었다고 생각한다는 것을 나타내는 또 다른 표현 방식이다.[1]

NIV와 한글 개역개정에서 번역한 것과는 달리 이 동사(*vayyera'*)의 실제 주어(비인칭 주어)는 요나가 아니라 "it"이다(NIV는 1절을 "But Jonah was greatly displeased and became angry"로 옮겼다).[2] 그러므로 4:1은 이렇게 옮겨야 한다. "그것이 요나를 크게 불쾌하게 했다"(It displeased Jonah greatly). 이제 우리는 이렇게 묻게 된다. 여기서 "그것"(it)은 무엇을 가리키는가? 앞 장으로 돌아가면 이 질문의 답을 찾을 수 있다. "그것"은 요나를 불쾌하게 만든 두 가지를 가리킨다. 하나는 니느웨 주민들이 그들의 포악한 길에서 돌이킨 것이고, 다른 하나는 하나님이 친히 하겠다고 하신 행동을 "회개하신"(돌이키신) 것이다.

이것은 요나를 조금 불쾌하게 만든 게 아니다. 크게 불쾌하게 만들었다! 앞서 우리는 하나의 표현을 더욱 강조하는 히브리어의 특징에 대해 언급했다(87쪽). 히브리어 저자는 어떤 동사의 힘을 강화하려 할 때 동사와 자음이 같은 명사를 그 동사의 목적어로 사용했다(*vayyera'…ra'ah gedolah*). 문자적으로 옮기면, 1절은 이렇다. "그것은 요나에게 큰 악으로 악했고, 그것이 그에게 불타올랐다"(It was evil to Jonah a great evil, and it burned to him).

요나는 감정의 롤러코스터를 타고 있다. 4장에서 요나는 분노를 표출한다. 2장에서 감사와 찬양이 가득했던 마음과 완전한 대조를 이룬다. 잭 새슨은 이 점을 잘 요약한다. "때때로 하나님께 버림받았다고 느끼거나, 하나님이 자신들에게 하시는 가혹한 요구를 이따금 비난하는 선지자들도 있었다. 하지만, 요나 외에는 그토록 짧은 이야기 안에서 그토록 많은 감정 기복을 겪은 인물이 없다."[3] 그러므로 하나님의 반응을 살펴보기 전에, 요나의 심술궂은 태도를 객관적으로 탐구해 보아야 한다.

요나의 좌절

4장 첫 몇 구절에서 아이러니가 지면 밖으로 튀어나오는 것 같다. 예를 들면, 죄악으로 가득했던 성읍이 놀라운 도덕적 개혁을 경험하고 하나님의 말씀에 반응할 때 하나님의 선지자가 오히려 **불쾌해하는** 이상한 사실을 눈치챘는가? 실제로, 니느웨가 선지자의 메시지에 반응해 회개하자, 요나는 낙담하고 화를 내며 심지어 죽고 싶다고(3절) "수동적 자살" 의지를 표명한다.[4]

2절에서 요나는 다시 기도한다. 그러나 이 기도는 2장의 기도와는 다르다. 4장에서는 그가 애초에 왜 도망쳤는지에 대한 통찰을 얻을 수 있다. 하나님이 자비로우시다는 것을 알기에 요나는 불평을 쏟아 낸다. 앞서 우리는 2장의 기도와 4장의 기도 사이에 놀라운 유사점과 차이점이 있음을 살펴보았다. 간단히 말해, 2장에서 요나가 기도했을 때, "그것은 하나님의 더 큰 능력에 복종한다는 표시였다." 반면 "니느웨 성 밖에서 하는 (4장의) 이 기도는 하나님의 긍휼하신 본성에 대한 항의다."[5]

요나가 언급하는 하나님의 속성들은 출애굽기 34:6-7에(느 9:17; 시 86:15; 103:8; 145:8; 욜 2:13-14에도) 나오는 잘 알려진 목록에서 가져온 것이다. 요나는 하나님이 자기 자신에게 신실하시길 바라지 않는다. 아니 적어도, 하나님이 자비로운 속성에서는 그렇게 후하지 않으시고, 공의의 속성에서는 좀 더 후하시길 바라는 것 같다. 이 공의의 속성은 출애굽기 34:6-7과 민수기 14:18 목록에는 빠져 있지 않지만 요나의 목록에는 분명히 빠져 있다.[6] 요나가 심술궂게 하나님의 말씀을 하나님께 되받아 그대로 인용하는데, 그로 인해 그가 낙담한 나머지 얼마나 앞뒤 분간을 못하게 되었는지 분명히 드러난다.

요나는 아직 하나님의 바람과 뜻을 받아들이지 못한다. 요나는 좌절한다. 니느웨는 벌을 받지 않을 것이다. 하나님은 자신의 계시에 충실하실 것이다. 다시 말해, 하나님은 은혜로우시며 자비로우시며 노하기를 더디 하시며 헤세드가 풍성하신 분이다.

요나의 본질적인 문제 가운데 하나는 자신을 향한 하나님의 자비를 잊었다는 것이다. 요나는 기억상실증 증세를 보인다. 요나 자신도 하나님의 자비를 경험했지만, 이제는 하나님이 다른 누군가에게 자비를 베푸시는 모습을 보면서 하나님의 자비에 감사하려 하지 않는다. 이 이야기는 다시 아이러니로 가득하다. "요나는 이제 하나님의 은혜롭고 자비로운 본성 때문에 죽기를 바란다. 정작 자신이 죽음을 마주했을 때(2:7-8) 바로 이러한 속성의 혜택을 받지 않았던가?"[7]

하나님의 대답

그렇다면 하나님은 어떤 방법으로 요나를 대하시는가? 하나님은 요나가 평생 잊지 못할 상담을 시작하려 하신다. 하나님은 날카롭게 질문을 던지실 뿐 아니라 자연을 비유로 들어 선지자의 '이해'를 도우신다. 다시 말해, 하나님은 작은 비유로 상황을 객관화하신다. 요나가 하나님의 가르침을 다른 각도에서 볼 수 있게 하기 위해서다. 하나님은 요나에게 약간의 체험교육을 허락하신다. 요나는 공의를 원했지만, 하나님은 자비를 베푸셨다. 어느 저자가 이 점을 정확히 짚어 이렇게 요약했다. "그러나 주님은 자비와 공의가 뒤섞이면 안 된다는 요나의 기본 전제를 완전히 허무신다. 그 오류는 단순히 더 많은 정보를 제공한다고 해서 그의 마음에서 뿌리 뽑을 수 없다. 오로지 그의 눈을 열어 자신과 다른 사람, 그리고 자신의 하나님에 대한 더 명확한 인식을 얻게 해 줄 개인적인 경험을 통해서만 가능하다."[8]

하나님은 질문으로 요나를 가르치기 시작하신다. 질문은 하나님이 종종 사용하시는 교육 방식이다. 에덴동산에서 하나님이 아담과 하와에게 하셨던 질문을 생각해 보라. "네가 어디 있느냐 … 누가 너의 벗었음을 네게 알렸느냐 내가 먹지 말라 명한 그 나무 열매를 네가 먹었느냐 … 네가 어찌하여 이렇게 하였느냐"(창 3:9-13). 욥기에서도 하나님은 자신의 종의 태도를 질문으로 점검하신다. "무지한 말로 생각을 어둡게 하는 자가 누구냐 너는 대장부처럼 허리를 묶고 내가 네게 묻는 것을 대답할지니라"(욥 38:2-3). 이와 비슷하게 하나님은 요나에게 세 가지 질문을 하신다. 이 질문은 요나서의 클라이맥스를 이해하는 열쇠다. 요나서 저자는 바로 이 지점까지 독자를 긴장 속에 붙잡아 두었던 것이다.

하나님은 4절에서 요나에게 질문을 시작하신다. "네가 성내는 것이 옳으냐?" 히브리어로 이 질문은 짧은 세 단어로 구성된다. 질문 방식에서[히브리어 '라크'(*lak*)가 끝 부분에 위치함] 하나님이 요나가 스스로의 내면을 들여다보길 원하신다는 게 분명히 드러난다(히브리어 '라크'는 '너에게'라는 뜻이다). "하나님은 요나에게 자신의 마음을 성찰하라고 상기시키신다. 마치 이렇게 말씀하시는 것과 같다. '거울을 비추어 네 자신을 보아라. 지금처럼 미친 듯한 분노에 사로잡혀 있는 네 영혼이 얼마나 사나운 바다인지 알게 될 것이다.'"[9]

이는 이 시점에서 자비를 베풀겠다는 하나님의 결정을 두고 요나가 판단을 내릴 자격이 있는지를 묻는 것일 수 있다. 요나는 결국 그 분노를 스스로에게 돌려 "잔뜩 심술이 난 절망"에 빠진다.[10] 어쩌면 히브리어 저자는 분노가 자신을 향해 되돌아와서 생긴 우울 상태를 묘사하고 있는 것 같다.[11]

그러나 4절에 나오는 하나님의 질문은 요나 문제의 진정한 깊이를 보여 주기 위해 더 깊이 파고든다. 하나님의 질문은 요나의 죄를 뿌리까지 드러낸다. 5절에서 요나는 밖으로 니느웨 동쪽으로 나가 자리를 잡고 앉는다. 이곳은 그가 지켜보고(니느웨 주민들이 회개를 고수하는지 보려고?), 기도하며, 1장의 폭풍과는 다른 종류의 폭풍을 경험하고, 신현 곧 하나님의 현현이나 나타나심을 마주하는 장소다.

요나는 자신을 위해 초막(*sukkah*)을 짓는다. 이것은 작은 오두막이다. 이 단어는 '초막절'을 뜻하는 복수 명사(*sukkot*)와 연결되어 있다. (흔히 '성막'으로 번역되는) 이 은신처 내지는 초막은 "놀라운 하나님의 섭리와 하나님이 이스라엘과 맺으신 언약을 상징한다."[12] 얼마나 아이러니한가!

선지자는 언덕 위 자신만의 작은 휴양지인 개인 은신처에 앉아 성읍에서 무슨 일이 일어날지 보려고 기다린다. 니느웨의 주변 환경이 비교적 황폐했다는 사실을 고려하면 요나가 쉼터를 바란 것이 이해가 된다. 고대 근동의 많은 도시처럼, 니느웨도 뜨겁고 건조했을 것이다. 요나는 물고기 뱃속에서 변화되었음에도 불구하고 자신이 여전히 쉽게 방황하고 죄를 지으며 쉽게 분노하고 절망하며 자신을 정당화하는 인간이라는 것을 보여 준다.[13]

6절에서 하나님은 은혜롭게도 밤새 요나의 초막 곁에 박 넝쿨이 자라게 하신다. 박 넝쿨은 그에게 그늘(*tsel*)을 주어 그를 구원한다(*lehatsil lo*). 일종의 언어유희다. 이 박 넝쿨이 요나를 무엇으로부터 구원하는가? 박 넝쿨은 요나를 그의 불편함(*ra'ato*, "그의 괴로움")으로부터 구원한다. 저자는 1절과의 멋진 반향을 의도하여, 요나의 극심한 불쾌감(*ra'ah gedolah*, "매우 싫어하여")을 다시 상기시킨다. 하나님이 물고기를 예비하셨듯이, 이제는 박 넝쿨을 예비하신다. 요나가 자신의 구원을 크게 기뻐하면서도(4:1, 6) 니느웨의 구원을 슬퍼하는 것은 또 하나의 아이러니다.

성경학자들은 이 식물이 무엇인지를 두고 논쟁하지만(예를 들면, '피마자' 또는 '아주까리') 이 식물이 무엇이었는지 정확하게 밝힌다고 해서 하나님이 사용하시려는 자연 비유의 본질을 설명하는 데 도움이 되지는 않는다. 7절에 따르면 새벽에 하나님은 벌레 한 마리를 예비하셔서 요나에게 그늘을 제공했던 식물(*a qiqayon*)을 갉아 먹게 하신다. "새벽"으로 번역된 히브리어 단어는 4장에서 사용된 다른 단어들과 함께 더 큰 반향을 불러일으킨다. 이미 분명하게 보았듯이, 요나서 저자는 특히 4장에서 언어유희라는 문학적 기법을 즐겨 사용한다.

하나님은 이러한 사건들 후에, 이를 테면 열기를 더하신다. 하나님은 뜨거운 동풍인 시로코(sirocco)를 보내신다(출 14:21을 보라).[14] 야외에서 정기적으로 일하지 않거나 근동 지역에 살지 않는 사람들에게는 이 자연 현상이 즉시 와닿지는 않을 것이다. 하루의 대부분을 컴퓨터 모니터 앞에 앉아 있거나 실내에서 일하는 사람들은 성경에서 이미지와 은유로 사용되는 자연 현상에 공감하기 어려울지 모른다.

시로코, 즉 이란의 산악 지역에서 불어오는 뜨거운 동풍[아랍어로는 함신(*khamsin*)]은 특히 이스라엘 땅에서 유명했다. 이 바람은 시속 100킬로미터에 달하는 속도로 불어오며 극도로 답답한 기운을 주기도 한다. 로스앤젤레스나 샌디에고 주민에게는 캘리포니아 역사상 최악의 산불을 초래한 산타아나 바람이 거의 동일한 기상 현상으로 느껴질 것이다. 이처럼 자연 현상에서 빌려온 이미지는 고대 유대인들의 성경에서 신학적인 목적으로 자주 사용되었고, 때로는 하나님이 사람에게 나타나시는 현현을 표현하기도 했다(나 2:1-8을 보라). 이제 그늘을 잃은 요나에게 뜨거운 태양이 내리쬘 뿐 아니라 하나님은 시로코까지 보내신다. 또다시 요나는 삶보다 죽음을 원한다.

9절에서 하나님은 요나에게 두 번째 질문을 하신다. 이 구절은 4절과 마찬가지로 요나의 분노가 정당한지와 관련이 있다. 4절에서는 니느웨성의 구원이 분노의 이유였지만, 이제 요나는 한 식물이 죽은 것 때문에 분노한다.

이 책을 마무리하는 클라이맥스 본문에서 하나님은 "작은 것에서 큰 것으로" 또는 '칼 바호메르'(*qal vahomer*)로 알려진 논증 방식을 사용하신다. 문자적으로 "가볍고 무거운"을 뜻하는 이 히브리어 문구는 랍비 문헌에서 성경 해석의 잣대로 아주 흔하게 사용되었다. 이 방식은 서로 비교되는 것들 사이에 평행 관계(parallelism), 더 정확히는 대조적인 평행 관계(역평행, anti-parallelism)를 형성한다(예를 들면, 시편 1:6 "무릇 의인들의 길은 여호와께서 인정하시나 악인들의 길은 망하리로다"가 이러한 역평행법에 해당한다—옮긴이). 그러나 여기서처럼 부분들 간의 균형이 완벽하지 않은 경우도 있다. 실제로 비교되는 부분들 사이에 정확하고 엄격하게 대칭을 이루도록 강요하면 잘못된 해석에 빠질 수 있다.

랍비들은 이러한 논증 방식을 즐겨 사용했다. 이 방식은 "만일 … 라면, 하물며 얼마나 더 … 이겠는가!"와 같은 '아 포르티오리'(*a fortiori*) 논증에서 두 번째 결론을 이끌어낼 때 사용된다. 산상수훈(마 5-7장)을 가볍게 훑어보기만 해도 이것이 주님이 사람들을 가르치실 때 즐겨 사용하신 한 방법이었다는 것을 알 수 있다. 예를 들면, "너희가 악한 자라도 좋은 것으로 자식에게 줄 줄 알거든 하물며 하늘에 계신 너희 아버지께서 구하는 자에게 좋은 것으로 주시지 않겠느냐"(마 7:11)라는 말씀에서 이 논증을 볼 수 있다. 또한 사도 바울 역시 칼 바호메르 논증 방식을 자주 사용했다.

요나는 전능하신 하나님을 공의의 심판대 앞에 세우고 유죄를 선언했다. 하나님은 참을 만큼 참으셨다. 장 칼뱅은 요나의 행동을 이렇게 적절하게 요약한다. "미천한 피조물이 일어나 하나님에게 맞서 거칠게 다투는 것은 참으로 보기 흉한 일이다. 이것은 더없이 악한 일인데, 요나의 마음 상태가 이러했다."[15] 이제 하나님은 칼 바호메르 논증 방식으로 요나와 논쟁하려 하신다.

이 식물이 요나에게 온 것은 어떻게 된 일일까? 선물로 주어진 것일까? 아니면 요나 스스로의 공로로 받을 만한 것이었을까? 물론 선물이었다. 요나는 이 식물을 위해 일하지도, 이 식물을 돌보지도 않았지만, 그 식물을 잃고는 엄청난 슬픔에 빠졌다. 10절을 보면, 이 점이 훨씬 분명하게 드러난다. 이 식물은 단 하루 만에 자랐다! "요나야, 너는 그 식물을 만들지도, 돌보지도, 가꾸지도 않았지. 하지만 나는 니느웨를 위해 이 모든 것을 했단다. 그 식물은 하룻밤 사이에 나타났지만, 니느웨는 숱한 세월을 거쳐 성장했으며 그 안에 숱한 사람이 살고 있지. 하물며 니느웨가 보살핌과 관심, 연민을 받을 자격이 얼마나 더 크겠느냐!" 니느웨에는 죄악된 생활에 갇혀 어떻게 빠져나와야 할지 알지 못하고 "좌우를 분변하지 못하는" 수많은 사람이 있다(11절). 요나가 그 식물을 아꼈다면, 하나님이 니느웨성을 아끼시는 것이 마땅하지 않겠는가?

"좌우를 분변하지 못하는"이란 표현의 관용적 의미를 밝히려는 시도가 적지 않았다. 어떤 사람들은 이 표현이 오른손과 왼손을 구분하지 못하는 어린 아이들을 가리킨다고 보았다. 그러나 이 표현의 의미를 이해하는 열쇠는 히브리어 관용 표현 자체에 있다. 여기 사용된 관용 표현(*yada' ben...le*)은 구약성경에서 몇 번밖에 등장하지 않으며, "어떤 것들을 구별하거나 분별하다"라는 뜻이다.[16] 예를 들면, 이 표현은 사무엘하에서 여든 살의 제사장 바르실래를 묘사할 때 사용된다. 바르실래는 자신이 더는 다윗 왕을 위해 음식과 포도주를 맛보고 좋은 것과 나쁜 것을 구분할 수 없다고 항변한다(삼하 19:35을 보라). 이 표현은 또한 에스겔서에서도 몇 차례 사용되는데, 백성에게 정한 것과 부정한 것을 구별하도록 가르치는 제사장의 직무를 설명할 때 쓰인다(겔 22:26, 44:23을 보라).

이 관용 표현은 "구분하다"를 뜻하므로, 요나서에서 이 표현은 니느웨에 죄악된 삶에 갇혀 어떻게 빠져나올지 모르는 사람들이 많음을 가리키는 것으로 보인다. 니느웨 이방인들은 중요한 윤리적 판단을 할 줄 모르는 무력한 상태에 있다. 물론 그들이 도덕적으로 결백하다는 말이 아니다. 이는 3장에서 이들 스스로 고백하고, 성경 여러 곳에서 그들이 사악하고 죄가 많다고 언급한 바와 같다. 하지만, 이들은 자신들의 죄에 매여 어떻게 벗어나야 할지 분별하지 못한다는 점에서 무력하다.

하나님은 요나와 식물의 관계가 피상적일 뿐임을 강조하신다. 이것은 그저 식물일 뿐이며 그 시점에는 죽어 있었다. 요나는 이 식물에 관해 아무 권리도 없다. 요나는 공의의 심판대 앞에서 주장할 아무 권리도 없다. 이 식물과 니느웨 주민을 향한 하나님의 처사에 대한 그의 모든 항변은 일고의 가치도 없다.

요나는 재판장을 자처했다. 그는 피조물과 창조자의 구분을 모호하게 했다. 요나는 죄악된 피조물로서 겸손한 자세를 취하지 않았고, 오만하게도 삶과 죽음을 판결하는 재판장 자리에 앉았다. 그는 자신의 처지에 걸맞게 행동하지 않았다. 사실, 자신이 누구 앞에 서 있는지 진정으로 알지 못했다. 거친 혼미함이 그의 정신을 가렸고, 날카롭고도 굳어 버린 완고함이 그의 마음을 덮었다. 요나는 눈은 뜨고 있었지만, 상황을 제대로 보지 못하고 있었다.

하나님은 니느웨에 대해 자신이 원하시는 대로 행하실 권리가 있으시다. 하나님은 창조주로서 이 식물에 대해서도 자신이 원하시는 대로 행하실 권리가 있으시다. 11절에서 하나님은 요나에게 세 번째 질문을 던지신다. 요나서 전체가 바로 이 순간을 향해 달려오고 있었다. "이 큰 성읍[을] … 내가 어찌 아끼지 아니하겠느냐?" 이렇게 옮기는 게 훨씬 낫다. "내가 아껴도 되지 않겠느냐?"

내가 여기서 초점을 맞추고 싶은 것은 "내가 어찌 아끼지 아니하겠느냐"로 번역된 문장에서 사용된 동사(*'ahus*)다. 이 동사는 단순히 물건을 아끼는 것을 넘어, 사람이나 생명을 불쌍히 여겨 해치지 않고 아껴주는 행위를 표현할 때 주로 사용된다. 예를 들어, 전쟁에서 적을 '불쌍히 여겨 살려 준다'는 문맥에서 쓰이기도 한다. 다시 말해, "이 동사는 자신의 관할 아래 있는 자들을 불쌍히 여길지 말지를 결정할 수 있는 상위자의 권한과 관련된다."[17]

요나는 이 식물조차도 마음대로 할 권리가 없었다. 반대로 하나님은 이 식물과 니느웨성, 그곳 주민들, 그리고 요나 자신을 불쌍히 여길 권리를 완전히 가지고 계셨다. 모든 것이 하나님의 관할 아래 있었다. 오랜 후, 바울이 비슷한 생각을 이렇게 표현했다. "그런즉 우리가 무슨 말을 하리요 하나님께 불의가 있느냐 그럴 수 없느니라 모세에게 이르시되 내가 긍휼히 여길 자를 긍휼히 여기고 불쌍히 여길 자를 불쌍히 여기리라 하셨으니 그런즉 원하는 자로 말미암음도 아니요 달음박질하는 자로 말미암음도 아니요 오직 긍휼히 여기시는 하나님으로 말미암음이니라"(롬 9:14-16). 요나는 하나님이 자신의 뜻대로 행하실 수 있는 절대 주권과 자유를 인정해야만 했다.

그러나 여기서 동사 '후스'(*hus*, 앞서 말한 아후스의 기본형으로 "아끼다", "불쌍히 여기다"라는 뜻—옮긴이)가 사용된 데는 이보다 큰 의미가 있다. 이것은 피조물에 대한 창조주의 권리뿐 아니라 그분의 주권적 특권이 행사되는 방식과도 관련이 있다. 요나서 4장의 이 단락에서 '후스'는 고통스러운 행동, "눈물을 흘리며 하는 행동"을 뜻한다.[18]

그러므로 요나의 입장을 반박하시는 하나님의 논점은, (흔히 생각하는 것과 달리) 포로기 이후 유대인들 사이에 형성된 편협한 민족주의와 배타적 민족주의에 대한 것이 아님을 알 수 있다. 오히려 논증의 방향은 "창조주이신 하나님의 본성에 신학적으로 기초"하고 있다.[19] 더글라스 스튜어트(Douglas Stuart)는 요나서 4:2에 관해 다음과 같이 예리하게 말한다. "이 책에서 '하나님은 실제로 어떤 분인가?'라는 질문이 '요나가 실제로 어떤 사람이었는가?'라는 질문보다 더 중요하다."[20]

하나님은 이 이야기, 즉 본래 한 유대인이 다른 유대인들에게 들려주기 위해 기록한 이 이야기를 통해, 이스라엘에게 모두를 위한 내러티브를 제시함으로써 각자가 이 질문에 스스로 답하게 하시려 한 것은 아닐까? 피터 크레이기는 이렇게 말한다. "이 이야기가 처음 전해진 청중의 전통 속에서는 모든 것이 '아니오'라는 답을 암시했다. 악한 이방 성읍이 하나님의 긍휼을 경험해서는 안 된다는 것이다. 그러나 요나 이야기를 다 듣고 나서 '아니오'라고 말한다면 이는 옹졸할 뿐 아니라 부끄러운 일이다."[21]

이 질문은 독자를 몰입하게 만들고, 강 건너 불구경하듯 하지 못하게 한다. 이 짧고 놀라운 이야기는 적용과 함께 끝난다. 자넷 게인스(Janet Gaines)가 말하듯이, "하나님의 마지막 말씀은 일차적으로 독자를 향한다. 독자는 그 말씀의 의미를 숙고해야 하고, 뒤이어 어떤 행동을 취할지 결정해야 한다."[22] 그런데 성경에서 마지막 말씀이 하나님의 질문으로 끝나는 책이 몇이나 되겠는가? 흥미롭게도, 요나서와 나훔서 두 권뿐이다. 두 책 모두 니느웨를 다루고 있다. 요나서는 니느웨를 향한 하나님의 긍휼로 끝나지만, 나훔서는 심판의 메시지로 끝난다.[23]

요나서 마지막 장에서 우리는 하나님이 단지 연약하고 무력한 자들뿐 아니라 강하고 힘 있는 자들까지 불쌍히 여기시는 것을 본다. 지독한 죄를 지은 자들조차도 하나님의 관심과 돌봄, 그리고 긍휼의 대상이 된다(니느웨 주민들과 요나 모두 그렇다). 연민을 불러일으키는 사람들을 불쌍히 여기는 것은 어렵지 않다. 하지만 그렇지 않은 사람들을 불쌍히 여기는 것은 어떠한가? 바로 이 점이 하나님의 자비를 더욱 심오하게 만든다. 이 신학적 진리를 온전히 깨달을 때, 우리 자신의 삶도 변화되어 우리 역시 긍휼을 실천할 수 있게 된다. 특히 중요한 것은, 명백한 죄인들에게 베푸신 하나님의 놀라운 긍휼을 깊이 깨달을 때, 우리도 그들을 향한 연민으로 나아갈 수 있다는 사실이다.

그러나 요나는 이것을 받아들일 수 없었다. 조지 랜디스는 이렇게 말한다.

> 그는 하나님의 긍휼과 구원이 자신 같은 사람에게 향하는 것은 반대하지 않지만, 그것이 악인들에게도 미치는 것을 견디지 못한다. 그는 자신의 오래된 신념 없이 살아가려 하지 않는다. 그는 야웨께서 자신의 분노를 사랑으로, 식물을 향한 연민을 사람을 향한 연민으로, 하나님이 자비를 베푸셔야 하는 대상에 대한 요나의 생각을 야웨께서 실제로 보여 주신 그 대상으로 바꾸시도록 허락하길 거부하다가 필사적으로 죽기를 갈망한다.[24]

하나님은 어느 세대나 한결 같으시다. 신약성경에서 그리스도는 자신의 양들뿐 아니라, 자신의 양이 되길 거부하는 이들까지 진심으로 긍휼히 여기셨다. 복음서에서 그리스도께서 예루살렘을 바라보시는 장면에 구주께서 가지신 깊은 긍휼이 나타난다. "예루살렘아 예루살렘아 선지자들을 죽이고 네게 파송된 자들을 돌로 치는 자여 암탉이 그 새끼를 날개 아래에 모음 같이 내가 네 자녀를 모으려 한 일이 몇 번이더냐 그러나 너희가 원하지 아니하였도다"(마 23:37). 존 머리(John Murray)는 이 탄식 속에 마태복음 11:28-30에 나오는 초대가 담겨 있다고 보았는데, 우리는 분명 그의 생각에 공감할 수 있다.[25] "수고하고 무거운 짐 진 자들아 다 내게로 오라 내가 너희를 쉬게 하리라 나는 마음이 온유하고 겸손하니 나의 멍에를 메고 내게 배우라 그리하면 너희 마음이 쉼을 얻으리니 이는 내 멍에는 쉽고 내 짐은 가벼움이라 하시니라."

때가 차매, 하나님이 예수 그리스도 안에서 이스라엘뿐 아니라 모든 민족에게 구원을 제시하셨다. 요나서 마지막에 강력하게 나타난 하나님의 긍휼은 골고다 언덕에서 완전하고 분명하게 드러났다. 요나서에 담긴 이 모든 예표들은, 하나님이 예수 그리스도 안에서 예수 그리스도를 통해 자신의 양들을 위해 하신 일 속에서 더욱 선명하게 드러난다. 참으로, "구원은 여호와께 속하였나이다"(2:9).

과연 요나는 논쟁 형식으로 전개된 하나님과의 상담에서

얻은 교훈을 마음에 새겼을까? 본문은 이에 대해 말하지 않는다. 역사 기록도, 성경도 침묵한다. 어떤 면에서 그것은 중요한 문제가 아니다. 왜냐하면 이 질문은 요나와 옛 이스라엘뿐 아니라 오늘날의 독자인 우리에게도 적용되기 때문이다.

더 깊이 생각해보기

❶ 주석가들은 요나와 엘리야를 자주 비교한다. 열왕기상 19장을 읽고 요나의 행동과 엘리야의 행동을 비교해 보라. 두 사람의 공통점과 차이점은 무엇인가?

❷ 요나서 4장에서 하나님은 어떤 다양한 방법으로 요나를 가르치시고 인도하시는가?

❸ 요나서 4장의 궁극적 메시지가 무엇이라고 생각하는가?

❹ 하나님이 요나에게 하신 세 질문은 무엇이며, 각 질문은 어떤 의미를 담고 있는가?

❺ 우리는 개인적으로 어떤 면에서 요나와 닮아 있는가? 또 교회 전체는 어떤 면에서 요나와 비슷한 모습을 하고 있는가?

❻ 하나님의 자비가 당신의 마음을 변화시키고 생각을 새롭게 빚도록 맡기겠는가?

나가는 글

"설교자가 구속사의 흐름을 무시하는 것은 성경 전체에서 나타나는 증언, 곧 예수님에 관한 성령의 증언을 무시하는 것이다."[1] 짧지만 심오한 책을 공부하며 보았듯이, 요나서는 줄곧 우리의 시선을 "요나보다 더 큰 이"를 향하게 한다. 그러나 교회와 문화, 학문 세계 안에는 요나서를 비롯한 구약성경에 대한 그리스도 중심의 해석에 반대하는 많은 압력이 존재한다. 성경을 적절하게 적용해야 한다고 교회는 늘 단언한다. 이 단언은 성경의 여러 부분에 따라 당연히 다른 의미를 가질 것이다. 그렇더라도 현재 교회 안에는 설교의 적절한 적용 문제에 대한 많은 혼란이 있다. 어떤 사람들은 그리스도 중심의 구속사 설교에 대해 우려를 표하며, 심지어 게르할더스 보스를 비롯해 권위 있는 개혁주의자들의 유용성에 대해서도 의문을 제기한다.

구약성경 본문을 설교할 때(당신 교회의 목회자가 구약성경에 대해 설교하길 바란다!) 설교자들은 책임감 있는 그리스도 중심의 관점으로 구약을 해석하기 위해 심혈을 기울여야 한다. 에드먼드 클라우니가 말했듯이, "구약성경 본문으로 그리스도를 설교한다는 것은 우리가 유대인 회당 설교가 아니라, 구속사의 완전한 드라마와 그리스도 안에서 이루어진 그 완성을 고려하는 설교를 한다는 의미다."[2]

다른 한편, 학계에서는 이 책에 제시된 것과 같은 해석이 구약성경에 대한 기독교의 식민지화로 풍자될 수 있다. 그러나 구약성경은 신약성경 없이는 완전하지 않으므로, 그리스도 중심의 구약 읽기는 구약성경을 식민지화하는 것이 아니다. 그리스도께서는 요나서가 자신의 사역과 메시지를 예표한다고 보셨다. 따라서 요나서를 구속사적으로 읽는 것은 그리스도의 부활 후를 살아가는 하나님의 백성에게 전적으로 적절하다.

구약성경 연구에 또 다른 흐름이 있다. 구약성경은 서로 다른 시대, 서로 다른 장소, 서로 다른 문화의 서로 다른 목소리로 구성되며, 따라서 성경은 유기적 통일성이 없을 뿐더러 있을 수도 없다는 것이다. 서로 다른 시대와 서로 다른 정황에서 나온 수많은 인간의 목소리가 다양한 장르에 담겨 있는 게 사실이다. 실제로 이러한 목소리들은 존중받고 면밀히 연구되며 설명되어야 한다. 그럼에도 불구하고 이러한 사실이 하나님은 한 분이시고 오케스트라처럼 잘 짜인 계획이 그분에게 있으며 그분이 구약과 신약 역사 전체에 걸쳐 이 계획을 실행하신다는 사실을 대신하지는 않는다. 우리는 지난 일을 되돌아보는 특권을 가졌으며, 그래서 눈앞에 펼쳐지는 놀라운 태피스트리를 관찰할 수 있다. 역사 속 우리의 시점에서 보면, 완전히 지혜로우신 하나님이 자신의 창조 세계를 절정으로 이끌고 계심을 알 수 있다. 이것은 단순히 앞으로 나아가는 구속사적 계획일 뿐 아니라, 하늘의 하나님의 보좌에서 직접 이루어지고 있는 계획이기도 하다.

이러한 접근 방식의 설교는 하나님의 말씀을 하나님의 백성에게서 빼앗는 게 아니라 오히려 "효과적 설교란 무엇인가?"라는 질문에 답하는 것이다. 효과적 설교란 성경 전체로 복음을 선포하는 것이다. 하나님이 빛을 비추길 기뻐하시는 곳, 즉 우리 주님의 사역에 스포트라이트를 비추는 것이다. 예수 그리스도께서는 죄로 저주받은 이 세상에서 상처받은 우리의 마음에 주어지는 해답이시다. 주님은 "내 양을 먹이라"고 명하셨다(요 21:17). 이 명령에 순종하는 데 필요한 은혜를 하나님이 사역자들에게 베풀어 주시길 기도한다.

미주

들어가는 글

1. 다음에서 재인용했다. Thomas M. Bolin, *Freedom Beyond Forgiveness: The Book of Jonah Re-Examined*(Sheffield: Sheffield Academic Press, 1997), 13쪽. 이 라틴어 편지의 번역 역사 전체가 이 책에 나온다.
2. E. J. Young, *An Introduction to the Old Testament*(Grand Rapids: Eerdmans, 1965), 263쪽. 『구약총론』(개혁주의 출판사, 2012).
3. R. T. France, *Jesus and the Old Testament: His Application of Old Testament Passages to Himself and His Mission*(Downers Grove, Ill.: InterVarsity, 1971), 78쪽.
4. Yvonne Sherwood, *A Biblical Text and Its Afterlives: The Survival of Jonah in Western Culture*(Cambridge: Cambridge University Press, 2000), 14-15쪽.

1장: 오리엔테이션

1. Uriel Simon, *Jonah*, JPS Bible Commentary, ed. Nahum M. Sarna et al.(Philadelphia: Jewish Publication Society, 1999), xviii.
2. T. Desmond Alexander, *Jonah: An Introduction and Commentary*(Down-

ers Grove, Ill.: InterVarsity, 1988), 91쪽.

3. Karin Almbladh, *Studies in the Book of Jonah*, Acta Universitatis Upsaliensis: Studia Semitica Upsaliensia 7(Uppsala: Almquist & Wiksell, 1986), 41쪽.
4. "The Black Obelisk of Shalmaneser III," in *Ancient Near Eastern Texts Relating to the Old Testament*, ed. James B. Pritchard, 3d ed.(Princeton: Princeton University Press, 1969), 280쪽.
5. Edmund P. Clowney, *Preaching and Biblical Theology*(Phillipsburg, N.J.: Presbyterian and Reformed, 1961), 92쪽. 『설교와 성경신학』(크리스챤 출판사, 2003). 이 장에 소개하는 개관 가운데 많은 부분은 요나서의 서론적 배경에 관한 Clowney의 훌륭한 논의를 요약한 것이다(92-98쪽). 여기에 덧붙여, 유대 역사학자 Yehezkel Kaufmann이 쓴 *The Religion of Israel*(Chicago: University of Chicago Press, 1960), 128-129쪽과 273-290쪽에 있는 몇몇 유익한 개념들도 포함시켰다. Kaufmann은 이스라엘 종교는 절대적으로 특별하다고 확신했다. 그는 몇몇 부분에서 유익하지만 때로 자신의 주장을 지나치게 밀어붙이기도 한다(예를 들면, 요나서가 초기 저작이라는 자신의 주장).
6. Meredith G. Kline, *Kingdom Prologue: Genesis Foundations for a Covenantal Worldview*(Overland Park, Kans.: Two Age Press, 2000), 1-7쪽. 『하나님 나라의 서막』(기독교 문서선교회, 2012).
7. Clowney, *Preaching*, 92-93쪽.
8. Rosemary Nixon, *The Message of Jonah*(Downers Grove, Ill.: InterVarsity, 2003), 101쪽.
9. Peter C. Craigie, *Twelve Prophets*, 2 vols.(Philadelphia: Westminster, 1984), 1:233.
10. 다음을 보라. Moshe Held, "A Faithful Lover in an Old Babylonian Dialogue," *Journal of Cuneiform Studies* 15(1961): 11-12쪽; Moshe Greenberg, "Hebrew segulla and Akkadian sikiltu," *Journal of the American Oriental Society* 71(1951): 172-174쪽.

11. Greenburg, "Hebrew segulla," 174쪽.

12. Kaufmann, *Religion of Israel*, 128쪽.

13. 요나는 동족을 향한 사랑 때문에 자비를 이스라엘의 잠재적 대적들에게로 확대하길 꺼렸다는 것이 전통적인 유대교의 해석이며, 이러한 해석은 미드라시까지 거슬러 올라간다. 다음을 보라. Louis Ginzberg, *The Legends of the Jews*, vol. 6(Philadelphia: Jewish Publication Society, 1928), 349 n. 27.

14. Elie Wiesel, *Five Biblical Portraits*(Notre Dame: University of Notre Dame Press, 1981), 154쪽.

2장: 도망치는 선지자

1. Elie Wiesel, *Five Biblical Portraits*(Notre Dame: University of Notre Dame Press, 1981), 138-139쪽.

2. 예를 들면, 다음을 보라. J. H. Stek, "The Message of the Book of Jonah," *Calvin Theological Journal* 4(1969): 23-50쪽.

3. 같은 책, 38-40쪽.

4. Edmund P. Clowney, *Preaching and Biblical Theology*(Phillipsburg, N.J.: Presbyterian and Reformed, 1961), 98쪽.

5. Klaas Spronk, *Nahum*(Kampen: Kok Pharos, 1997), 20쪽.

6. 같은 책, 17쪽.

7. Abraham Kuyper, *In the Shadow of Death: Meditations for the SickRoom and at the Sick-Bed*, trans. John Hendrik De Vries(Audubon, N.J.: Old Paths Publications, 1994), 119쪽.

3장: 배 안에서 일어난 대혼란

1. Jack M. Sasson, *Jonah*, Anchor Bible 24B(New York: Doubleday, 1990), 96-97쪽.

2. Yvonne Sherwood, *A Biblical Text and Its Afterlives*(Cambridge: Cambridge University Press, 2000), 251쪽.

3. Jacques Ellul, *The Judgment of Jonah*, trans. Geoffrey W. Bromiley(Grand Rapids: Eerdmans, 1971), 37쪽. 『요나의 심판과 구원』(대장간, 2010).

4장: 배 밖으로 내던져진 선지자

1. 이러한 특징에 관한 분명한 개요를 원한다면 다음을 보라. Tremper Longman III, *How to Read the Psalms*(Downers Grove, Ill.: InterVarsity, 1988), 101-104쪽. 『시편을 어떻게 읽을 것인가』(IVP, 1989).
2. Jonathan Magonet, *Form and Meaning: Studies in Literary Techniques in the Book of Jonah*(Sheffield: Almond, 1983), 30-31쪽.
3. 이것은 하나님이 우리를 의로운 선택지가 없는 상황에 두시는가 하는 철학적·윤리적 문제와 다르다. 신학적으로 매우 중요한 이 문제는 여기서 논의하는 바가 아니다.
4. Thomas M. Bolin, *Freedom Beyond Forgiveness: The Book of Jonah Re-Examined*(Sheffield: Sheffield Academic Press, 1997), 88-90쪽. Jack M. Sasson은 *Jonah*, Anchor Bible 24B(New York: Doubleday, 1990)에서 비슷한 언급을 한다. 그러나 나는 이 구절들과 이들을 요나서 이 부분에 적용하는 것과 관련해 Bolin의 통찰에 특히 많은 빚을 졌다.
5. Sasson, Jonah, 142쪽.
6. Yvonne Sherwood, *A Biblical Text and Its Afterlives*(Cambridge: Cambridge University Press, 2000), 246쪽.
7. Hugh Martin, *The Prophet Jonah: His Character and Mission to Nineveh*(London: Banner of Truth Trust, 1958), 178-179쪽.
8. Edmund P. Clowney, *The Unfolding Mystery: Discovering Christ in the Old Testament*(Colorado Springs: NavPress, 1988), 187쪽.
9. 같은 책.
10. Sasson, *Jonah*, 124-125쪽.
11. Leslie Allen, *The Books of Joel, Obadiah, Jonah and Micah*(Grand Rapids: Eerdmans, 1976), 211쪽.

12. André Lacocque and Pierre-Emmanuel Lacocque, *Jonah: A PsychoReligious Approach to the Prophet*(Columbia, S.C.: University of South Carolina Press, 1990), 89쪽.
13. Ellul, *The Judgment of Jonah*, trans. Geoffrey W. Bromiley(Grand Rapids: Eerdmans, 1971), 36-37쪽.

5장: 물고기 뱃속으로

1. Rosemary Nixon, *The Message of Jonah*(Downers Grove, Ill.: InterVarsity, 2003), 127-128쪽.
2. Terence E. Fretheim, *The Message of Jonah: A Theological Commentary*(Minneapolis: Augsburg, 1977), 93쪽.
3. Jack M. Sasson, *Jonah*, Anchor Bible 24B(New York: Doubleday, 1990), 149쪽.
4. 같은 책.
5. Neil B. MacDonald(James Barr의 글 인용), "The Philosophy of Language and the Renewal of Biblical Hermeneutics," in *Renewing Biblical Interpretation*(Grand Rapids: Zondervan, 2000), 123-124쪽.
6. Horace D. Hummel, "The Old Testament Basis of Typological Interpretation," *Biblical Research* 9(1964): 38-50쪽.
7. 이 문제들과 관련된 해석의 역사를 간명하게 요약한 글을 원하는 독자(특히 목회자)에게 다음을 추천한다. Kevin Vanhoozer, *Is There a Meaning in This Text?*(Grand Rapids: Zondervan, 1998), 112-120쪽.
8. 같은 책, 119쪽.
9. 다음을 보라. Yvonne Sherwood, *A Biblical Text and Its Afterlives*(Cambridge: Cambridge University Press, 2000), 254ff.
10. 자세한 논의를 보고 싶다면 다음을 참고하라. R. T. France, *Jesus and the Old Testament*(Downers Grove, Ill.: InterVarsity, 1971), 80-82쪽.
11. 인정하건대, 이어지는 분석의 상당 부분은 앞의 책 43쪽 이하를 참고했다.

12. R. T. France, *Matthew: Evangelist and Teacher*(Grand Rapids: Zondervan, 1989), 189쪽.
13. 같은 책, 189-190쪽.
14. France, *Jesus and the Old Testament*, 75-76쪽.
15. Sasson, *Jonah*, 157쪽.
16. Joyce Baldwin, "Jonah," in *The Minor Prophets: An Exegetical and Expository Commentary*, ed. Thomas Edward McComiskey(Grand Rapids: Baker, 1993), 2:548.

6장: 깊음 가운데서 드리는 기도 1

1. George M. Landes, "The Kerygma of the Book of Jonah," *Interpretation* 21(1967): 3-31쪽.
2. Alastair Hunter, "Jonah from the Whale: Exodus Motifs in Jonah 2," in *The Elusive Prophet*, ed. J. C. deMoor(Leiden: Brill, 2001), 142-158쪽.
3. Uriel Simon, *Jonah*, JPS Bible Commentary, ed. Nahum M. Sarna et al.(Philadelphia: Jewish Publication Society, 1999), 17ff.
4. 전문적 논의를 원한다면 다음을 보라. Frank Moore Cross, "The Prosody of Lamentations 1 and the Psalm of Jonah," in *From Epic to Canon: History and Literature in Ancient Israel*(Baltimore: Johns Hopkins University Press, 1998).
5. Cross, "Prosody," 133쪽.
6. John R. Miles, "Laughing at the Bible: Jonah as Parody," in *On Humour and the Comic in the Hebrew Bible*, ed. Yehuda T. Radday and Athalya Brenner(Sheffield: Almond, 1990), 209쪽. Terence E. Fretheim는 *The Message of Jonah*(Minneapolis: Augsburg, 1977), 99쪽에서 바다에 관한 언급이 다른 어느 시와 비교하더라도 거의 두 배에 이른다고 본다.
7. Jack M. Sasson, *Jonah*, Anchor Bible 24B(New York: Doubleday, 1990), 172쪽.
8. 이 주제에 관한 서론적 논의는 다음을 보라. Philip S. Johnston, *Shades*

of Sheol: Death and Afterlife in the Old Testament(Downers Grove, Ill.: InterVarsity, 2002). 나의 논의는 Johnston의 결론들을, 특히 71-85쪽에 나오는 결론들을 많이 따른다.

9. Johnston, *Shades of Sheol*, 75쪽. Geerhardus Vos를 잘 아는 독자들이라면 그가 이러한 개념을 예상했다는 것을 알 것이다: "그들이[시편 기자들이] 두려워했던 것은 죽음 자체가 아닐 뿐더러 죽음으로 자신을 잃는 것도 아니었고 야웨와 끊어진다는 것이었다. … 스올에서 그분과 끊어진다는 것은 고통스러울 것이며, 그분의 최종 현현에서 그분을 보지 못한다는 것은 견딜 수 없을 것이다. 이것은 종교의 가장 큰 비극일 것이다. 이것은 시편의 종말론이 야웨 바로 그분 외에 아무것도 구하거나 사랑하지 않는다는 강력한 증거다"["Eschatology of the Psalter," in *The Pauline Eschatology*(Phillipsburg, N. J.: Presbyterian and Reformed, 1979), 346쪽]. 『바울의 종말론』(좋은씨앗, 2015).
10. 이어지는 논의의 많은 부분은 Klaas Schilder가 *Christ Crucified*(Grand Rapids: Baker, 1940), 393-423쪽에서 한 논의의 흐름을 따른다.
11. 같은 책, 402-405쪽.
12. 같은 책, 404-405쪽.
13. 다음을 보라. Vos, "Eschatology of the Psalter," 347쪽.

7장: 깊음 가운데서 드리는 기도 2

1. Tikva Simone Frymer-Kensky, "The Judicial Ordeal in the Ancient Near East"(Ph.D. diss., Yale University, 1977), 1쪽.
2. P. Kyle McCarter, "The River Ordeal in Israelite Literature," *Harvard Theological Review* 66(1973): 403쪽.
3. 같은 책, 412쪽.
4. 예를 들면, 다음을 보라. McCarter and also Alastair Hunter, "Jonah from the Whale," in *The Elusive Prophet*, ed. J. C. de Moor(Leiden: Brill, 2001), 142-158쪽.
5. Jack M. Sasson은 *Jonah*, Anchor Bible 24B(New York: Doubleday,

1990), 185쪽에서 흥미롭게도 이미지의 순서를 바꾼다. 좀 더 단호한 주장은 Hunter, "Jonah from the Whale." Meredith G. Kline, *By Oath Consigned: A Reinterpretation of the Covenant Signs of Circumcision and Baptism*(Grand Rapids: Eerdmans, 1968), 50-52쪽을 보라.

6. 다음을 보라. Kline, *By Oath Consigned*, 60-62쪽.
7. 같은 책, 60쪽.
8. Sasson, *Jonah*, 182쪽.
9. 같은 책, 183쪽.
10. 같은 책, 198쪽.
11. John Calvin, *Commentaries on the Twelve Minor Prophets*, trans. John Owen, vol. 3, *Jonah, Micah, Nahum*(Edinburgh: Calvin Translation Society, 1847), 88쪽.
12. Sasson, *Jonah*, 200쪽.
13. 다음을 보라. George M. Landes, "The Kerygma of the Book of Jonah," *Interpretation* 21(1967): 16쪽.

8장: 회개에 관한 교훈

1. Yvonne Sherwood, *A Biblical Text and Its Afterlives*(Cambridge: Cambridge University Press, 2000), 259쪽.
2. Jack M. Sasson, *Jonah*, Anchor Bible 24B(New York: Doubleday, 1990), 229쪽.
3. David Marcus, "Nineveh's 'Three Days' Walk'(Jonah 3:3): Another Interpretation," in *On the Way to Nineveh: Studies in Honor of George Landes*, ed. Stephen L. Cook and S. C. Winter(Atlanta: Scholars, 1999), 42-53쪽.
4. 같은 책.
5. David Marcus(D. F. Rauber의 글 인용), *From Balaam to Jonah: AntiProphetic Satire in the Hebrew Bible*, Brown Judaic Studies 301, ed. Ernest S. Frerichs, Shaye J. D. Cohen, and Calvin Godscheider(Atlanta: Scholars,

1995), 103쪽.

6. 다음을 보라. Kathleen Powers Erickson, *At Eternity's Gate: The Spiritual Vision of Vincent van Gogh*(Grand Rapids: Eerdmans, 1998).

7. George M. Landes, "The Kerygma of the Book of Jonah," *Interpretation* 21(1967): 30쪽.

8. Sherwood, *Biblical Text*, 260쪽.

9. Kenneth M. Craig, *A Poetics of Jonah: Art in the Service of Ideology* (Columbia, S.C.: University of South Carolina Press, 1993), 53쪽. Craig는 일반적 원리를 말하고 4:5에 대한 자신의 견해를 제시할 뿐 우리가 살펴보는 본문을 다루지는 않는다.

10. Clifford J. Collins, "From Literary Analysis to Theological Exposition: The Book of Jonah," *Journal of Translation and Textlinguistics* 7.1(1995): 28-44쪽.

11. 예를 들면, 다음을 보라. Richard A. Muller, "Incarnation, Immutability, and the Case for Classical Theism," *Westminster Theological Journal* 45(1983): 22-40쪽. Muller는 고대 교회에서도 같은 종류의 질문들을 하고 그 질문들에 답했다는 것을 보여 준다.

12. Gregory A. Boyd, *God of the Possible*(Grand Rapids: Baker, 2000), 16쪽.

13. 같은 책.

14. 같은 책, 14쪽.

15. 같은 책, 75쪽.

16. 같은 책, 85쪽.

17. 하나의 출발점으로 다음을 보라. Robert B. Strimple, "What Does God Know?" in *The Coming Evangelical Crisis, ed. John H. Armstrong*(Chicago: Moody, 1996), 139-154쪽.

18. Michael S. Horton, *Covenant and Eschatology: The Divine Drama*(Louisville: Westminster John Knox, 2002), 8쪽.

19. 특히 다음을 보라. Cornelius Van Til, *A Christian Theory of Knowledge*(Philadelphia: Presbyterian and Reformed, 1969), 3장.

20. John Calvin, *Institutes of the Christian Religion*, ed. John T. McNeill, 1.17.13.

9장: 마지막 논쟁

1. 다음을 보라. Uriel Simon, *Jonah*, JPS Bible Commentary, ed. Nahum M. Sarna et al.(Philadelphia: Jewish Publication Society, 1999), 36쪽.
2. 여기서(적어도 이 동사가 사용되는 패턴들에 관해), 나는 다음을 따른다. G. I. Davies, "The Uses of R"Qal and the Meaning of Jonah IV. 1," *Vetus Testamentum* 27(1977): 105-111쪽.
3. Jack M. Sasson, *Jonah*, Anchor Bible 24B(New York: Doubleday, 1990), 348-349쪽.
4. Simon, *Jonah*, 36쪽.
5. 같은 책.
6. Simon는 공의의 속성들이 성경의 기도에서 흔히 빠진다는 점을 지적한다.
7. T. Desmond Alexander, *Jonah: An Introduction and Commentary*(Downers Grove, Ill.: InterVarsity, 1988), 127쪽.
8. Simon, Jonah, 40쪽.
9. John Calvin, *Commentaries on the Twelve Minor Prophets*, trans. John Owen, vol. 3, *Jonah, Micah, Nahum*(Edinburgh: Calvin Translation Society, 1847), 131쪽.
10. Sasson, Jonah, 239쪽.
11. Janet Howe Gaines, *Forgiveness in a Wounded World: Jonah's Dilemma*(Atlanta: Society of Biblical Literature, 1993), 106쪽.
12. 같은 책, 115쪽.
13. Jacques Ellul, *The Judgment of Jonah*, trans. Geoffrey W. Bromiley(Grand Rapids: Eerdmans, 1975), 73-75쪽.
14. 다음을 보라. Aloysius Fitzgerald, *The Lord of the East Wind*(Washington, D.C.: The Catholic Biblical Association of America, 2002). Fitz-

gerald는 기상 현상을 철저히 연구해 히브리 성경의 많은 신현 본문과 연결한다.

15. Calvin, *Jonah*, 130쪽.

16. Hans Walter Wolff, *Obadiah and Jonah: A Commentary*, trans. Margaret Kohl(Minneapolis: Augsburg, 1986), 175쪽. 다음도 이 관용표현의 용법을 파악하는 데 도움이 된다. Donald Wiseman, "Jonah's Nineveh," *Tyndale Bulletin* 30(1979): 29-51쪽.

17. Terence E. Fretheim, "Jonah and Theodicy," *Zeitschrift für die alttestamentliche Wissenschaft* 90(1978): 236쪽.

18. 같은 책. 다음도 보라. Sheldon H. Blank, "Doest Thou Well to Be Angry? A Study in Self-Pity," *Hebrew Union College Annual* 26(1955): 29-41쪽.

19. Brevard S. Childs, *Introduction to the Old Testament as Scripture*(Philadelphia: Fortress, 1979), 427쪽. 『구약정경개론』(대한기독교서회, 1987).

20. Douglas Stuart, *Hosea-Jonah*, Word Biblical Commentary(Waco: Word, 1987), 443쪽. 『호세아-요나』(솔로몬, 2011).

21. Peter C. Craigie, *Twelve Prophets*(Philadelphia: Westminster, 1984), 1:20.

22. Gaines, *Forgiveness in a Wounded World*, 128쪽.

23. 다음을 보라. Tremper Longman III, "Nahum," in *The Minor Prophets: An Exegetical and Expository Commentary*, ed. Thomas Edward McComiskey(Grand Rapids: Baker, 1993), 2:829.

24. George M. Landes, "The Kerygma of the Book of Jonah," *Interpretation* 21(1967): 29쪽.

25. 다음을 보라. John Murray, "The Free Offer of the Gospel," in *Collected Writings of John Murray*(Edinburgh: Banner of Truth Trust, 1982), 4:113-132.

나가는 글

1. Edmund P. Clowney, *Preaching Christ in All of Scripture*(Wheaton, Ill.: Crossway, 2003), 10쪽.
2. 같은 책, 11쪽.

더 깊은 책 읽기를 위하여

Alexander, T. Desmond. *Jonah: An Introduction and Commentary*. Tyndale Old Testament Commentaries. Downers Grove, Ill.: InterVarsity, 1988.

Allen, Leslie. *The Books of Joel, Obadiah, Jonah and Micah*. New International Commentary on the Old Testament. Grand Rapids: Eerdmans, 1976.

Almbladh, Karin. *Studies in the Book of Jonah*. Acta Universitatis Upsaliensis: Studia Semitica Upsaliensia 7. Uppsala: Almquist & Wiksell, 1986.

Augustine. *On Christian Doctrine*. Translated with an introduction by D. W. Robertson Jr. New York: Liberal Arts, 1958. 『기독교 교양』(CH북스, 2017).

Baldwin, Joyce. "Jonah." In *The Minor Prophets: An Exegetical and Expository Commentary*, edited by Thomas Edward McComiskey. Vol. 2. *Obadiah, Jonah, Micah, Nahum, and Habukkuk*, 543-590쪽. Grand Rapids: Baker, 1993.

Blank, Sheldon H. "Doest Thou Well to Be Angry? A Study in Self-Pity." *Hebrew Union College Annual* 26(1955): 29-41쪽.

Bolin, Thomas M. *Freedom Beyond Forgiveness: The Book of Jonah Re-Ex-*

amined. Journal for the Study of the Old Testament Supplement Series 236. Sheffield: Sheffield Academic Press, 1997.

Boyd, Gregory A. *God of the Possible: A Biblical Introduction to the Open View of God*. Grand Rapids: Baker, 2000.

Calvin, John. *Commentaries on the Twelve Minor Prophets*. translated by John Owen. Vol. 3. *Jonah, Micah, Nahum*. Edinburgh: Calvin Translation Society, 1847.

Childs, Brevard S. *Introduction to the Old Testament as Scripture*. Philadelphia: Fortress, 1979. 『구약정경개론』(대한기독교서회, 1987).

Clowney, Edmund P. *Preaching and Biblical Theology*. Phillipsburg, N.J.: Presbyterian and Reformed, 1961.

———. *Preaching Christ in All of Scripture*. Wheaton, Ill.: Crossway, 2003. 『성경 모든 본문에서 그리스도를 설교하라』(도서출판 다함, 2023).

———. *The Unfolding Mystery: Discovering Christ in the Old Testament*. Colorado Springs: NavPress, 1988. 『구약에 나타난 그리스도』(네비게이토 출판사, 2024).

Collins, Clifford John. "From Literary Analysis to Theological Exposition: The Book of Jonah." *Journal of Translation and Textlinguistics* 7.1(1995): 28-44쪽.

Craig, Kenneth M. *A Poetics of Jonah: Art in the Service of Ideology*. Columbia, S.C.: University of South Carolina Press, 1993.

Craigie, Peter C. *Twelve Prophets*. Daily Study Bible. Vol. 1. Philadelphia: Westminster, 1984.

Cross, Frank Moore. *From Epic to Canon: History and Literature in Ancient Israel*. Baltimore: Johns Hopkins University Press, 1998.

Davies, G. I. "The Uses of R"Qal and the Meaning of Jonah IV.1." *Vetus Testamentum* 27(1977): 105-111쪽.

Ellul, Jacques. *The Judgment of Jonah. Translated by Geoffrey W. Bromiley*. Grand Rapids: Eerdmans, 1971. 『요나의 심판과 구원』(도서출판 대장간,

2010).

Erickson, Kathleen Powers. *At Eternity's Gate: The Spiritual Vision of Vincent van Gogh*. Grand Rapids: Eerdmans, 1998.

Fitzgerald, Aloysius. *The Lord of the East Wind*. Catholic Biblical Quarterly Monograph Series 34. Washington, D.C.: Catholic Biblical Association of America, 2002.

France, R. T. *Jesus and the Old Testament: His Application of Old Testament Passages to Himself and His Mission*. Downers Grove, Ill.: InterVarsity, 1971.

———. *Matthew: Evangelist and Teacher*. Grand Rapids: Zondervan, 1989.

Fretheim, Terence E. "Jonah and Theodicy." *Zeitschrift für die alttestamentliche Wissenschaft* 90(1978): 227-237쪽.

———. *The Message of Jonah: A Theological Commentary*. Minneapolis: Augsburg, 1977.

Frymer-Kensky, Tikva Simone. "The Judicial Ordeal in the Ancient Near East." Ph.D. diss., Yale University, 1977.

Gaines, Janet Howe. *Forgiveness in a Wounded World: Jonah's Dilemma*. Studies in Biblical Literature 5. Atlanta: Society of Biblical Literature, 1993.

Ginzberg, L. *The Legends of the Jews*. Vol. 6. Philadelphia: Jewish Publication Society, 1928.

Greenberg, Moshe. "Hebrew *segulla* and Akkadian *sikiltu*." *Journal of the American Oriental Society* 71(1951): 172-174쪽.

Held, Moshe. "A Faithful Lover in an Old Babylonian Dialogue." *Journal of Cuneiform Studies* 15(1961): 1-26쪽.

Horton, Michael S. *Covenant and Eschatology: The Divine Drama*. Louisville: Westminster John Knox, 2002. 『언약과 종말론』(크리스챤출판사, 2003).

Hummel, Horace D. "The Old Testament Basis of Typological Interpretation." *Biblical Research* 9(1964): 38–50쪽.

Hunter, Alastair. "Jonah from the Whale: Exodus Motifs in Jonah 2." In *The Elusive Prophet: The Prophet as a Historical Person, Literary Character and Anonymous Artist*, edited by J. C. de Moor, 142–158쪽. Oudtestamentische Studiën 45. Leiden: Brill, 2001.

Johnston, Philip S. *Shades of Sheol: Death and Afterlife in the Old Testament*. Downers Grove, Ill.: InterVarsity, 2002.

Kaufmann, Yehezkel. *The Religion of Israel. Translated by Moshe Greenberg*. Chicago: University of Chicago Press, 1960.

Kline, Meredith G. *By Oath Consigned: A Reinterpretation of the Covenant Signs of Circumcision and Baptism*. Grand Rapids: Eerdmans, 1968.

———. *Kingdom Prologue: Genesis Foundations for a Covenantal Worldview*. Overland Park, Kans.: Two Age Press, 2000. 『하나님 나라의 서막』(기독교 문서선교회, 2012).

Kuhrt, Amélie. *The Ancient Near East*. 2 vols. London: Routledge, 1995.

Kuyper, Abraham. *In the Shadow of Death: Meditations for the Sick-Room and at the Death-Bed*. Translated by John Hendrik De Vries. Audubon, N.J.: Old Paths Publications, 1994.

Lacocque, André, and Pierre-Emmanuel Lacocque. *Jonah: A Psycho-Religious Approach to the Prophet*. Columbia, S.C.: University of South Carolina Press, 1990.

Landes, George M. "The Kerygma of the Book of Jonah." Interpretation 21(1967): 3–31쪽.

Longman, Tremper, III. *How to Read the Psalms*. Downers Grove, Ill.: InterVarsity, 1988. 『시편을 어떻게 읽을 것인가』(IVP, 1989).

MacDonald, Neil B. "The Philosophy of Language and the Renewal of Biblical Hermeneutics." In *Renewing Biblical Interpretation*, edited by Craig Bartholomew, Colin Greene, and Karl Möller, 123–140쪽. Scripture and Hermeneutics 1. Grand Rapids: Zondervan, 2000.

Magonet, Jonathan. *Form and Meaning: Studies in Literary Techniques in the Book of Jonah*. Bible and Literature Series 8. Sheffield: Almond, 1983.

Marcus, David. *From Balaam to Jonah: Anti-Prophetic Satire in the Hebrew Bible*. Atlanta: Scholars, 1995.

———. "Nineveh's 'Three Days' Walk'(Jonah 3:3): Another Interpretation." In *On the Way to Nineveh: Studies in Honor of George M. Landes*, edited by Stephen L. Cook and S. C. Winter, 42-53. ASOR Books 4. Atlanta: Scholars, 1999.

Marshall, I. Howard. "An Assessment of Recent Developments." In *It Is Written: Scripture Citing Scripture. Essays in Honour of Barnabas Lindars*, edited by D. A. Carson and H. G. M. Williamson, 1-21. Cambridge: Cambridge University Press, 1988.

Martin, Hugh. *The Prophet Jonah: His Character and Mission to Nineveh*. London: Banner of Truth Trust, 1958.

McCarter, P. Kyle. "The River Ordeal in Israelite Literature." *Harvard Theological Review* 66(1973): 403-412쪽.

Miles, John R. "Laughing at the Bible: Jonah as Parody." In *On Humour and the Comic in the Hebrew Bible*, edited by Yehuda T. Radday and Athalya Brenner, 203-215쪽. Bible and Literature Series 23. Sheffield: Almond, 1990.

Muller, Richard A. "Incarnation, Immutability, and the Case for Classical Theism." *Westminster Theological Journal* 45(1983): 22-40쪽.

Murray, John. "The Free Offer of the Gospel." In *Collected Writings of John Murray*. Vol. 4, pp. 113-132. Edinburgh: Banner of Truth Trust, 1982.

Nixon, Rosemary. *The Message of Jonah*. Downers Grove, Ill.: InterVarsity, 2003.

Pritchard, James B., ed. *Ancient Near Eastern Texts Relating to the Old Testament*. 3d ed. Princeton: Princeton University Press, 1969.

Sasson, Jack M. *Jonah: A New Translation with Introduction, Commentary, and Interpretation*. Anchor Bible 24B. New York: Doubleday, 1990.

Schilder, Klaas. *Christ Crucified*. Translated by Henry Zylstra. Grand Rapids: Baker, 1940.

Sherwood, Yvonne. *A Biblical Text and Its Afterlives: The Survival of Jonah in Western Culture*. Cambridge: Cambridge University Press, 2000.

Simon, Uriel. *Jonah*. Translated by Lenn J. Schramm. The JPS Bible Commentary. Philadelphia: Jewish Publication Society, 1999.

Spronk, Klaas. *Nahum*. Historical Commentary on the Old Testament. Kampen: Kok Pharos, 1997.

Stek, J. H. "Biblical Typology Yesterday and Today." *Calvin Theological Journal* 5(1970): 133-162쪽.

———. "The Message of the Book of Jonah." *Calvin Theological Journal* 4(1969): 23-50쪽.

Strimple, Robert B. "What Does God Know?" In *The Coming Evangelical Crisis*, edited by John H. Armstrong, 139-154쪽. Chicago: Moody, 1996.

Stuart, Douglas. *Hosea-Jonah*. Word Biblical Commentary. Waco, Tex.: Word, 1987. 『호세아-요나』(솔로몬, 2011).

Vanhoozer, Kevin J. *Is There a Meaning in This Text?* Grand Rapids: Zondervan, 1998.

Van Til, Cornelius. *A Christian Theory of Knowledge*. Philadelphia: Presbyterian and Reformed, 1969.

Vos, Geerhardus. "Eschatology of the Psalter." In *The Pauline Eschatology*, 323-365쪽. Phillipsburg, N.J.: Presbyterian and Reformed, 1979. 『바울의 종말론』(좋은씨앗, 2015).

Wenham, G. J. "The Coherence of the Flood Narrative." *Vetus Testamentum* 28(1978): 336-348쪽.

Wiesel, Elie. *Five Biblical Portraits*. Notre Dame: University of Notre

Dame Press, 1981.

Wiseman, Donald J. "Jonah's Nineveh." *Tyndale Bulletin* 30(1979): 29-51쪽.

Wolff, Hans Walter. *Obadiah and Jonah: A Commentary*. Translated by Margaret Kohl. Minneapolis: Augsburg, 1986.

Young, E. J. *An Introduction to the Old Testament*. Grand Rapids: Eerdmans, 1965. 『구약총론』(개혁주의출판사, 2012)

Salvation though judgment and mercy
: The Gospel According to Jonah

요나서, 그리스도 중심 성경 읽기

초판 1쇄 발행 2025년 9월 30일

지은이 브라이언 D. 에스텔
옮긴이 전의우
펴낸이 신은철
펴낸곳 좋은씨앗
출판등록 제4-385호(1999. 12. 21)
주소 서울시 서초구 바우뫼로 156(MJ 빌딩) 402호
주문전화 (02)2057-3041 주문팩스 / (02)2057-3042
이메일 good-seed21@hanmail.net
페이스북 facebook.com/goodseedbook

ISBN 978-89-5874-423-8 03230